k.

SANNE JELLINGS
HELENES STIMME

ROMAN

KINDLER

Originalausgabe
Veröffentlicht im Rowohlt Verlag, Hamburg, März 2023
Copyright © 2023 by Rowohlt Verlag GmbH, Hamburg
Covergestaltung Cordula Schmidt Design, Hamburg
Coverabbildung Alamy Stock Photo
Satz aus der Nexus bei Dörlemann Satz, Lemförde
Druck und Bindung GGP Media GmbH, Pößneck
ISBN 978-3-463-00041-1

Die Rowohlt Verlage haben sich zu einer nachhaltigen Buchproduktion verpflichtet. Gemeinsam mit unseren Partnern und Lieferanten setzen wir uns für eine klimaneutrale Buchproduktion ein, die den Erwerb von Klimazertifikaten zur Kompensation des CO_2-Ausstoßes einschließt.
www.klimaneutralerverlag.de

Für meine Töchter

MARIE

Schussenried
Spätherbst 1926

Marie tritt mit dem Eierkorb am Arm vor die Klostermauern. Sie bleibt stehen, zögert und blickt sich vorsichtig nach allen Seiten um. Dann atmet sie tief ein und zieht die Holztür hinter sich zu. Sie weiß, sie darf es nicht, trotzdem geht sie mit Trippelschritten los, die Dorfstraße entlang, hinaus auf die Felder. Es ist ein stiller Morgen. Nebelschwaden hängen über dem Ried, sie steigen vom Federsee auf. Marie mag die Brauntöne des Herbstes, das helle Grau des Himmels. Diese Farben beruhigen sie. Die Natur hat alle Lasten abgeworfen. Das Werk ist getan, nun wartet die Welt auf den Winter. Bald ist Advent. Der kalte Wind in Maries Gesicht riecht nach Schnee. Er ist wie ein Versprechen, eine Verheißung.

Was aber soll dieses Land einer Achtzigjährigen noch verheißen? Marie lässt den Gedanken los, sie soll nicht so viele Fragen stellen. Heute fühlt sie sich getröstet, sie lächelt.

Gestern hat sie einen Brief von Richard erhalten. Der Arme, er hatte immer so viel Ärger mit ihr. Er hat seine Schwester schon lange nicht mehr besucht, aber wer sollte sich das auch zumuten. Sie sind beide alt. Die Reise von Hohenheim hier herunter nach Oberschwaben ist beschwerlich. Marie macht ihm keinen Vorwurf. Sie hat die Familie zu oft enttäuscht. Seit Max, ihr älterer Bruder, gestorben ist, sind Richard und seine Frau Auguste die Einzigen, die sie zu sich nehmen könnten. Doch inzwischen ist Marie zufrieden in Schussenried. Seit dem

Krieg weiß sie es hier zu schätzen. Da hatte sie solche Angst, immerzu, und das Kloster schützte sie. Es schützt sie vor der Welt, und es schützt die Welt vor Marie. Sicher ist es so am besten.

Sie legt den Korb in die linke Armbeuge. Später muss sie bei den Hühnern noch ein paar Eier finden, sonst wird man ihr Fragen stellen. Müßiggang wird hier nicht gern gesehen. Doch manchmal muss sie einfach hinaus, das ist ihr geblieben, trotz allem.

Marie bleibt stehen und zieht den Brief aus ihrer Rocktasche. Gestern hat sie Richards Worte so hastig, so gierig überflogen, dass sie den Brief zunächst nicht einmal vollständig aufgefaltet hat. Sie beginnt erneut zu lesen, dieses Mal mit voller Aufmerksamkeit. «Liebes Schwesterle», schreibt Richard. Er, der Kleine, zehn Jahre jünger. Dabei musste sie doch immer ihn versorgen, das Brüderle. Aber wenn man erwachsen ist, verändern sich Machtgefüge und Fürsorgepflichten unter Geschwistern. Manchmal kehren sie sich sogar um. Richard, der Professor, erzählt im Brief von seinen Enkeln, erkundigt sich nach ihrer Gesundheit, sie sei ja immer kränklich gewesen. Als Marie am Falz angelangt ist und den Bogen öffnet, flattert ihr ein Zeitungsausschnitt entgegen. Sie steckt ihn in die Rocktasche und liest weiter. «Erinnerst du dich an deine alte Freundin Helene? Es war viel Spaß zu haben mit ihr damals in Eningen. Sie hat mir einmal den Rohrstock erspart und den stibitzten Kuchen auf ihre Kappe genommen. Seitdem ist sie ja im Leben zu einigem, wenngleich zweifelhaftem Ruhm gekommen. Nun wird ihr eine Ehre zuteil, die mich trotz allem freut – ich gönn's ihr für den Kuchen. In Hamburg wird eine höhere Mädchenschule nach ihr benannt.»

Als wäre das Helenes größter Sieg. Über sechzig Jahre ist es her, dass Marie sie kennengelernt hat. Wer hätte gedacht, dass einmal eine so erfolgreiche Streiterin für die Sache der Frauen aus ihr werden würde? Marie liest seit dem Krieg keine Zeitung mehr, aber zuvor hat sie Helenes Weg mitverfolgt, auch wenn sie keinen direkten Kontakt mehr hatten. Helenes Triumph ist nicht, dass eine Schule nach ihr benannt wird. Ihr Triumph ist, dass es eine höhere Mädchenschule überhaupt *gibt*.

Sie waren beide junge Mädchen, die nicht viel wussten von der Welt. Marie geborgen im Schoß der Familie, Helene allein. Und doch besaß ausgerechnet Helene die Kraft, sich nichts sagen zu lassen. Sie hat eine Stimme. Marie hat keine Stimme, früher hatte sie vielleicht eine, aber man hat sie ihr genommen, ihre Stimme, ihre Geschichte. Immer haben andere ihr gesagt, wie die Dinge zu verstehen sind. Und sicher hatten sie recht. Sonst wäre Marie ja nicht hier.

Marie zieht den Zeitungsausschnitt aus der «Schwäbischen Chronik» hervor. Er berichtet, die neue Schulleiterin der Mädchen-Oberrealschule an der Hansastraße in Hamburg heiße Emmy Beckmann. Den Namen hat Marie noch nie gehört. Aber dann: Der Hamburger Senat habe bestätigt, dass die Schule alsbald den Namen Helene-Lange-Oberrealschule tragen solle. Die hochbetagte Namenspatin höchstselbst wolle anlässlich der Zeremonie zur Umbenennung aus Berlin anreisen.

Lenchen. Du hast dafür gesorgt, dass es einen Ort gibt, der mit Mädchen wie uns etwas anfängt. Marie weiß, sie ist achtzig und wird bald sterben, und es berührt sie, dass ihr Scheitern vielleicht zu etwas gut war. Vielleicht war es tatsächlich für die andere ein Ansporn. Zu ihrer Zeit gab es keinen Platz für ihresgleichen, es gab nur falsche Plätze, oder Warteplätze. Mädchen, die eigene Wünsche hatten, die etwas lernen wollten, wurden vertröstet.

Doch Helene hat nicht gewartet. Helene hat gekämpft, und sie hat ihrer Stimme Gehör verschafft.

Marie muss ihr schreiben, wie glücklich sie das macht. Dass vielleicht nicht alles umsonst war. Oder ist das unbescheiden? Sie bleibt auf dem Feldweg stehen. Der lange Rock klebt an ihren derben Stiefeln, die von den vielen Pfützen schon durchnässt sind. Der Wind zerrt an ihrem Kopftuch. Auch Helene wird nicht mehr lange leben. Wenn Marie sich bedanken will, muss sie es bald tun.

Sie wirft einen letzten Blick über das weite Ried, dann dreht sie auf dem Absatz um. In der Schreibstube wird sie um Papier bitten, gleich heute. Sie hat sich gut geführt, bestimmt werden die Schwestern ihr das Briefeschreiben gestatten. Marie bindet sich das Kopftuch enger ums Gesicht und macht sich auf den Weg zurück zur Irrenanstalt.

MARIE

Eningen unter Achalm
Sommer 1864

«Mariele!» Die dröhnende Stimme des Vaters drang vom Flur in die Küche. Hastig stellte Marie den Korb mit den frisch eingesammelten Eiern auf den Holztisch in der Mitte des Raumes und lief zu ihm hinaus.

«Der Rall wartet, bist du fertig?»

«Einen Moment!», rief sie, eilte an ihm vorbei die Treppe hinauf in ihr Zimmer und schnappte sich ihren Sonntagshut, der auf dem Stuhl bereitlag. Dann strich sie hastig noch einmal die Decke auf dem zweiten Bett im Zimmer glatt. Sie hatte es mit einer hübschen, rot-weiß karierten Bettwäsche bezogen und dem neuen Mädchen noch ein besticktes Kräutersäckchen aufs Kissen gelegt. Ab heute würde sie ihr Reich teilen müssen. Es waren bereits zwei norddeutsche Pensionatstöchter im Pfarrhaus, das hätte wohl auch gereicht, doch heute würde eine dritte ankommen, die nun wegen Platzmangels bei Marie untergebracht wurde. Sie sollte sich willkommen fühlen. Marie schätzte zwar das Alleinsein, doch Vater hielt es für besser, wenn Mädchen nicht brüteten, sie sollten unter Leuten und fröhlich sein und sich nützlich machen. Marie bemühte sich stets um die geforderte Heiterkeit, doch oft erregte sie mit ihrem Ernst Anstoß. Es fehlte ihr vielleicht an Dankbarkeit.

Vater hatte diese Helene eigentlich erst im nächsten Herbst erwartet, aber das Mädchen hatte im Januar plötzlich ihren Vater verloren. Nun war sie Waise, mit erst sechzehn Jahren.

Natürlich hatten die Eltern da nicht das Herz gehabt, sie zu vertrösten. Zu Gästen sagte man nicht Nein.

Bauer Rall würde Vater und sie eigens mit dem Gespann zum Bahnhof kutschieren. Mutter hatte Maries Widerwillen, ihr Zimmer zu teilen, genau gespürt und ihre Fügsamkeit belohnt, indem sie Vater auf die Idee gebracht hatte, die Tochter mit nach Reutlingen zu nehmen. So kam Marie um das endlose Kartoffelpellen herum, das heute Nachmittag anstand.

Marie nahm die Schürze ab und band sich den Hut im Laufen zu. Vater stand unten im Treppenflur und schaute ihr durch seine blitzenden Brillengläser entgegen. Sein grau durchsetzter dunkler Bart war schon wieder nicht gestutzt und sah ein wenig ungezähmt aus – gestern Abend hatte er sich Mutters Schere durch einen Gang ins Wirtshaus entzogen. Von Menschen konnte er gar nicht genug bekommen.

Marie nahm seinen Arm, zusammen traten sie vor die Tür und bestiegen Ralls Wagen. Auf der holprigen Fahrt von Eningen hinunter nach Reutlingen spürte Marie, wie ihre Aufregung wuchs. Sie blickte nach rechts die Achalm hinauf, an deren Hängen die Weingärten und Obstwiesen in der Sonne lagen. Wenn Max am Wochenende aus Tübingen nach Haus käme, würden alle jungen Leute im Haus mit ihren Körben in die Obstgärten ziehen, das würde eine lustige Partie werden. Oder war das nicht angemessen, wenn die Neue erst angekommen war? Eine Pensionatstochter mit einer solch tragischen Geschichte hatten sie noch nie gehabt.

«Woher kanntest du eigentlich Fräulein Langes Vater?», rief sie nach vorn zum Kutschbock, wo Vater neben Bauer Rall Platz genommen hatte, um zu plaudern.

Er drehte sich kurz zu ihr um. «Überhaupt nicht. Mein Freund Rieken aus Rodenkirchen hat uns der Familie empfohlen, du kennst ihn ja, er hat uns erst im Herbst besucht. Der Vater des Fräuleins hatte sich wohl bezüglich der Ausbildung seiner Tochter nach geeigneten Häusern umgehört.»

«Und Pastor Rieken hat der Familie geraten, sie so weit wegzuschicken?» Oh, hatte das geklungen, als zöge sie die Entscheidung des Pastors in Zweifel? Das würde sie sich niemals anmaßen. Eigentlich hatte sie doch nur sagen wollen, dass ein vertrautes Zuhause möglicherweise der tröstlichere Ort war, wenn man keine Eltern mehr hatte. Sie selbst jedenfalls hätte sich gefürchtet, als Waise allein in die Welt hinausgeschickt zu werden.

«Der Herr Pfarrer ist halt im ganzen Land eine Berühmtheit, sogar im Ausland!», mischte sich Bauer Rall ein.

«Die Ehre gebührt meiner Frau», widersprach der Vater lächelnd. «Sie bildet ja die Mädchen hauptsächlich aus. Sie ist die gute Seele in unserem gesegneten Haus.»

Marie lächelte. Ein gesegnetes Haus, das waren sie, so hörte sie es immer wieder. Deswegen konnten sie von ihrem Glück an andere abgeben, die davon weniger hatten. «Meinst du, sie leidet sehr unter dem Tod ihres Vaters? Es ist ja alles noch so frisch.»

«Traurig wird sie schon sein», antwortete der Vater ernst. «Immerhin hat sie auch die Mutter schon früh verloren. Wir werden ihr den nötigen Halt geben.»

Der Weg führte nun recht steil bergab, Marie ließ sich den Fahrtwind um die Nase wehen. Es war ihr durchaus lästig, für so ein armes Ding zuständig zu sein. Sofort rief sie sich zur Ordnung. So durfte sie nicht denken. Das war keine Nächstenliebe. Besser, sie überlegte sich, wie sich das Mädchen aufheitern ließ.

Plötzlich verlangsamte sich die Fahrt, und der Wagen hielt

an. Auf der Allee stand breitbeinig der Landhändler Kittel und grinste über beide Ohren.

«Da sieh einer an, der Kittel», sagte Vater, und auch Rall rief: «Seht, seht!»

«Du kommst wohl zum Eninger Congress und kaufst neue Waren! Du bist seit drei Monaten nicht mehr daheim gewesen. Wo warst du denn diesmal?»

«Im Elsass, Herr Pfarrer.» Stolz deutete der Mann auf seine aus Korb geflochtene Krätze. Er lallte ein wenig, offenbar hatte er so früh am Tag schon dem Wein zugesprochen. «Die Spitzen und Borten aus Reutlingen haben sie mir aus den Händen gerissen, das sag ich Ihnen. Bald kann ich mir einen Wagen leisten wie du, Rall.»

Vater wiegte skeptisch den Kopf. «So? Na, deine Frau wird sich freuen, dass du wieder da bist. Du weißt schon, dass du einen neuen Sohn hast, oder?»

Kittels Gesicht leuchtete auf. «Einen Sohn! Dann hat es mit dem Weiberhaushalt ein Ende, und es hat außer dem Rudolf noch jemand das Sagen, solange ich weg bin.»

«Recht so.» Vater nickte. «Was weißt du Neues, erzähl!»

Und das tat der Kittel, weitschweifiger, als es Marie lieb war. Er berichtete von den Zuständen in Lothringen, und der Vater erkundigte sich insbesondere nach Neuigkeiten aus dem Schwarzwald, wo er in jungen Jahren als Pfarrer eingesetzt gewesen war.

Als sie endlich weiterfuhren, hatten sie Verspätung. Im Reutlinger Bahnhof stand der Zug aus Stuttgart, mit dem Helene Lange angekommen sein musste, schon auf dem Gleis.

«Sapperlot, jetzt aber zackig!», rief der Vater, sprang vom Wagen und lief los. Marie eilte mit fliegenden Röcken hinter ihm her. Ein Strom von Menschen kam ihnen entgegen, und sie kämpften sich mühsam voran. Der Bahnsteig, auf den sie schließlich traten, war bereits leer. Der Vater machte noch ein paar Schritte und drehte sich dann suchend um die eigene Achse. Schwer atmend hielt sich Marie an seinem Arm fest. «Oh nein, Vater», sagte sie verzweifelt.

«Guten Tag», erklang da eine klare, ruhige Stimme in ihrem Rücken. Marie wusste sofort, dass sie es sein musste. Niemand sagte hierzulande «Guten Tag», das klang viel zu hochdeutsch, viel zu förmlich. Man sagte «Grüß Gott». Sie drehten sich um, und da stand ein blondes, hochgewachsenes Mädchen mit blau-weiß gestreiftem Kleid und Strohhut. Den Staubmantel hatte sie sich über den Arm gelegt. Sie sah überhaupt nicht traurig, verstört oder ängstlich aus, sondern hatte einen entschlossenen Zug um den Mund. Ruhig trat sie auf Vater zu und streckte ihm die Hand hin. «Herr Eifert? Ich bin Helene Lange.»

Hinter ihr, das bemerkte Marie erst jetzt, stand ein bärtiger junger Mann mit zwei Koffern in der Hand. Er machte keine Anstalten, sich vorzustellen, und auch Helene schien ihn völlig vergessen zu haben.

«Herzlich willkommen hier bei uns in Schwaben, Fräulein Lange!», rief der Vater, ergriff ihre Hand und schüttelte sie herzhaft. «Haben Sie es geschafft!»

Helene Lange sah ihn verblüfft an. «Ich musste gar nicht viel dazu beitragen. Die Eisenbahn ist ganz von alleine gefahren.»

Marie kicherte in sich hinein. Derlei kam mit den norddeutschen Pensionatstöchtern öfter vor. Die Mädchen nahmen den schwäbischen Humor einfach zu wörtlich. Helenes Blick wanderte zu Marie. Ihre eisblauen Augen schauten sie fragend, aber freundlich an. Marie fasste sich ein Herz und streckte ebenfalls die Hand aus. «Ich bin Marie Eifert. Wir beide teilen uns ein Zimmer.»

Das schien die Neue ebenso wenig zu begeistern wie Marie selbst. Ein wenig betreten schüttelte sie ihr die Hand.

«Wir sind im gleichen Alter, nicht?», fragte sie offenbar in dem Versuch, einen erfreulichen Aspekt daran zu finden.

«Ich bin fast zwei Jahre älter, genau genommen», entgegnete Marie. «Aber das ist ja nicht viel.»

Natürlich war es viel. Mit sechzehn – herrje, da war Marie noch so schüchtern gewesen, sie hatte mit Fremden kaum gesprochen. Niemals hätte sie sich getraut, alleine zu verreisen und bei Leuten zu wohnen, mit denen sie nicht verwandt war. Doch Helene wirkte viel älter, als sie war. Das lag vielleicht an ihrer hochgewachsenen Gestalt – sie überragte Marie um einen halben Kopf –, aber auch an den klaren, blassen, ein wenig herben Zügen und ihrem gefassten Auftreten.

«Bestimmt werden wir uns gut verstehen», fügte Marie noch an, es war freundlich gemeint, klang aber auch in ihren eigenen Ohren gönnerhaft.

Helene lächelte gezwungen und nickte ihr zu, und Marie wurde ganz heiß. Sie hatte nicht den richtigen Ton getroffen.

«Dann wollen wir mal ...», sagte der Vater und ging voraus zu Ralls Gespann. Die Mädchen folgten ihm, und hinter ihnen her trottete der junge Mann mit den Koffern. An der Kutsche angekommen, drehte Helene sich zum ihm um, nahm ihm den großen Lederkoffer aus der Hand und schwang ihn, ohne dass einer der Herren rechtzeitig hätte eingreifen können, auf den Wagen. Nervös sah Marie zu Vater, der denn auch etwas verdattert dreinblickte. «Und Sie sind ...», wandte er sich an den jungen Mann, dessen Anwesenheit ihm zuvor offenbar gar nicht aufgefallen war.

«Louis Glauert», antwortete dieser und schüttelte ihm die Hand. «Ein Freund von Otto Lange, Helenes Bruder. Ich habe Helene von Oldenburg aus begleitet, da ich auf der Durchreise nach Zürich bin.»

«Ah.» Der Vater wirkte erleichtert. «Sie sind natürlich herzlich eingeladen, bei uns Station zu machen.»

Der junge Mann verbeugte sich. «Innigsten Dank, aber ich reise sofort weiter. Ich werde in Zürich erwartet.»

«Dann wünsche ich Ihnen eine gute Reise.» Die beiden Männer schüttelten sich erneut die Hände. Der junge Glauert vollführte noch eine hastige Verbeugung in Richtung der jungen Frauen und murmelte: «Viel Glück, Helene!», dann war er verschwunden.

Beim Einsteigen in die Kutsche schüttelte die Neue den Kopf. «Er wollte die gesamte Fahrt über mit mir Schach spielen. Da habe ich ihn, nachdem ich oft genug verloren hatte, einmal besiegt.» Sie setzte sich und blickte zu Marie auf. «Und stell dir vor, seitdem spricht er kaum noch mit mir.» Sie lachte. Dabei wirkte sie plötzlich viel jünger.

Marie setzte sich neben sie und bemerkte noch Vaters gerunzelte Stirn, bevor er sich wieder auf den Kutschbock schwang. Diese Helene spielte Schach! Zu Hause war das ein den Männern vorbehaltenes Vergnügen. Vater hielt es für keinen Zeitvertreib, der einem Mädchen angemessen war. Aber warum hatte Helene den Freund ihres Bruders auch nicht gewinnen lassen? Das war wirklich nicht besonders gescheit gewesen.

«Wo hast du denn das Schachspielen gelernt?», fragte Marie neugierig.

«Ich bin unter Brüdern aufgewachsen», entgegnete Helene und legte den Mantel neben sich ab. «Meine Mutter lebt nicht mehr, seit ich sieben bin, und wenn Vater abends in den Klub gegangen ist, haben wir gelesen oder Schach gespielt.»

«Ist es schwer?»

«Ach, kannst du es nicht? Ich bringe es dir gerne bei.»

Die Kutsche ruckte an, und Marie warf einen besorgten Blick auf Vaters sehr gerade durchgedrückten Rücken.

«Wir haben nicht viel Zeit zum Spielen», sagte sie laut, lächelte Helene dabei aber an. «Hattest du nicht auch furchtbar viel zu tun als einzige Frau im Haus?»

Helene schüttelte unbekümmert den Kopf. «Wir hatten eine Mamsell, und natürlich Theda, das Mädchen. Außerdem Helferinnen in der Küche, im Stall und im Garten.»

«Dein Vater war Kaufmann, nicht wahr?»

«Tuchhändler. Und sehr beschäftigt. Für uns Kinder hatte er wenig Zeit.»

«Wer hat euch denn erzogen?»

«Ach, er ist immer davon ausgegangen, dass wir uns schon selbst erziehen. Und das muss ich ja nun auch, deswegen war es vielleicht eine gute Vorbereitung. Aber manchmal ging es vielleicht doch ein wenig wild zu.»

Das klang gleichzeitig traurig und verrucht und interessant. Sollte Marie jetzt kondolieren? Helene wirkte nicht so, als wäre ihr daran gelegen. Sie sah eher so aus, als hätte sie Lust, einen Schwank aus ihrer Jugend zu erzählen. Also wagte Marie, im Schutze des Hufgeklappers leise zu fragen: «Was hast du denn beispielsweise angestellt?»

Helene lachte. «Ach, viel und nichts Schlimmes. Kinderstreiche. In der Schule saß ich oft auf der Büßerbank. Einmal haben meine Freundin Marianne und ich allerdings ein wenig über die Stränge geschlagen – sie war die Tochter von Ratsherr Wiencken und wohnte gleich nebenan in der Achternstraße.

Wir haben die Schule geschwänzt und uns nach dem Frühstück auf Wanderschaft begeben, zur Irrenanstalt.»

«Zur Irrenanstalt!», wiederholte Marie erschrocken.

«Ja, wir wollten einmal echte Verrückte sehen. Bei uns in Oldenburg sind sie im Kloster Blankenburg untergebracht. Das liegt ein paar Meilen von der Stadt entfernt, und wir mussten knietief durch Matschwiesen und Schlamm waten, immer an der Hunte entlang. Dabei sind wir fast von einem Stier aufgespießt worden.» Sie lachte. «Das habe ich natürlich meinem Vater nicht erzählt. Auch nicht, dass wir uns auf dem Heimweg von zwei Dragoneroffizieren hoch zu Ross haben mitnehmen lassen.»

Marie warf einen Blick zum Kutschbock, aber Vater war in sein Gespräch mit Rall vertieft. Es schien um Kittels Frau zu gehen.

«Was hätte dein Vater denn dazu gesagt?»

«Ach, er konnte schon streng sein. Aber er hatte Vertrauen zu uns und nahm an, dass wir nichts Böses im Sinn hätten. Als die Sache mit den Dragonern später herauskam, hat er sich schrecklich darüber amüsiert.»

Marie war beeindruckt und auch befremdet. Das war ja eine regelrechte Wilde, die sie sich da ins Haus geholt hatten! Sie würde dafür sorgen müssen, dass Helene bei ihren Eltern nicht in Schwierigkeiten geriet. Helene selbst schien vollkommen unbesorgt zu sein – unerschrocken.

Wenig später hielt die Kutsche in der Eninger Hauptstraße vor dem weiß gestrichenen Pfarrhaus mit den weißen Fensterläden.

«Was für ein schönes, großes Haus! Und es ist ja umringt von Bergen!», rief Helene. Gepflegt und hell ragte Maries Elternhaus gegenüber der Kirche auf mit seinen vier Stockwerken, und jedes der unzähligen Fenster blitzte einladend in der Sonne. Die Stockrosen vor der Mauer zur Straße blühten in aller Pracht.

«Das dort drüben ist unser Hausberg, die Achalm, mein Kind, und gegenüber sehen Sie den Albtrauf», erläuterte der Vater. «Wir sitzen im Tal dazwischen. Es geht recht steil hinauf auf die Schwäbische Alb. Wir können hier auf den schönsten Wegen wandern.»

«Ich wandere gern! Mein Vater hat mit uns einmal eine hübsche Tour unternommen. Ich komme mir vor wie in den Ferien! Und das Dorf ist größer, als ich es mir vorgestellt hatte.»

Vater freute sich offenkundig über Helenes Begeisterung. Er war stolz auf seine Gemeinde. «In Eningen leben an die fünftausend Seelen. Zum Eninger Congress im Sommer und im Winter kommen noch dreimal so viele Gäste hinzu. Wir sind ein großes Dorf von Landhändlern, wenigen Bauern und Webern. Wenn es auch einige Armut gibt.»

Er wandte sich zum Gotteshaus um. Hinter ihm bohrte sich der Kirchturm in den Himmel mit seiner langen, dünnen Spitze, auf der ein Wetterhahn thronte. «Unsere Andreaskirche steht an der Grenze zwischen Ober- und Unterdorf.»

In dem Augenblick trat Mutter mit Anna, der Pfarrmagd, und den beiden anderen norddeutschen Pensionatstöchtern Friederike und Alwine auf den Hof hinaus, um die Neue in Empfang zu nehmen. Klein und müde sah sie aus in ihrer Schürze mit dem braunen Tuch um den Kopf, aber ihre dunklen Augen funkelten gütig.

«Du musst uns Onkel und Tante nennen, liebes Kind», sagte sie und ergriff Helenes Hände, nachdem diese durch das Tor getreten war. «Wir freuen uns, dass du hier bist. Und nun kommt ins Haus, wir haben Streuselkuchen gebacken.»

Bald saßen sie alle in der Wohnstube um den großen runden Tisch beim Kaffee. Marie genoss es, sich einfach zu setzen, als wäre auch sie ein Gast. Mutter hatte mit Friederike und Alwine alles vorbereitet. Edmund Pfleiderer, ihr derzeitiger Vikar, kam aus seinem Zimmer herunter und begrüßte Helene neugierig. Es waren zudem wie fast immer Gäste auf der Durchreise im Haus. An diesem Freitag handelte es sich um das Tübinger Ehepaar Schulze, das mit dem Vater gemeinsame Bekannte hatte. Man hatte sie den ganzen Tag nicht gesehen, nun aber schien der Kuchenduft sie in die gute Stube gelockt zu haben.

Marie hoffte, dass der Kuchen für alle reichen würde.

«Nun beginnt also dein letztes Ausbildungsjahr», wandte sich der Vater, der inzwischen ebenfalls zum Du übergegangen war, an Helene. «Was fehlt dir noch, mein Kind, was möchtest du lernen?»

Helene dachte über die Antwort eine Weile nach, vielleicht wollte sie nichts Falsches sagen. «Meine Mutter ist gestorben, als ich sieben Jahre alt war.» Sie sah Mutter an, und zum ersten Mal entdeckte Marie einen Anflug von Traurigkeit, von Verletzlichkeit in Helenes kühlem Blick. «Ich muss in erster Linie alles lernen, was gewöhnlich eine Mutter einem Mädchen beibringt.»

«Freilich.» Vater nickte Mutter wohlgefällig zu. Sie war heute blass, fand Marie. Ihr Haar wirkte dünn und war inzwischen beinahe ganz grau. Helene sah neben ihr sehr groß, hell und aufrecht aus.

Alwine beugte sich neugierig vor. «Du hattest also keine Tanten, keine Großmutter?»

«Meine Tante wohnt nicht in Oldenburg, und meine Großmütter leben beide nicht mehr. Ich hätte sicher mehr von der

Mamsell lernen können, aber ... Ich werde mir alle Mühe geben, das verspreche ich.»

Marie gab sich einen Ruck. «Stickst du gern? Wir könnten uns zusammen eine Arbeit vornehmen.»

Helene lächelte gequält. «Sticken und stopfen habe ich nur wenig gelernt. Meine Mutter hat mich wohl hier und da einmal ein Taschentuch säumen oder etwas nähen lassen, aber über diese Arbeiten haben meine Brüder immer sehr gelacht. Deswegen wurden unsere Sachen, nachdem Mutter gestorben war, von der Mamsell in Ordnung gehalten.»

«Und wie sieht es mit dem Stricken aus?», erkundigte sich Friederike. «Das ist mir auch lieber.»

Helene zog in gespielter Verzweiflung die Augenbrauen in die Stirn. «Meine Mutter hat einmal meinem Vater einen Brief geschrieben, als sie fort war. Sie hielt es für wichtig, ihn zu warnen: ‹Dass Helene ja Acht gibt, wenn sie strickt, sie könnte Theodor stechen›.» Bei der Tischgesellschaft kam Heiterkeit auf. «Theodor ist mein jüngerer Bruder. Ihr seht also, es besteht Gefahr für Leib und Leben, wenn ich am Handarbeitskorb sitze.»

«Dann wollen wir zunächst eine andere Beschäftigung für dich finden», sagte Mutter lachend. «Bist du in der Küche ...?» Sie unterbrach sich, als sie Helenes Gesicht sah.

Vater schüttelte gutmütig den Kopf, seine Augen glitzerten vor Vergnügen. «Da hast du ja eine schöne Aufgabe vor dir, Adelgunde.»

«Und worauf hast du dich stattdessen verlegt?», fragte Vikar Pfleiderer, der offenbar von Helenes Unzulänglichkeiten ablenken und zu ihren Stärken überleiten wollte. Er hatte sein Stück Kuchen schon aufgegessen und zog an seiner Pfeife, die er gar nicht erst hatte ausgehen lassen.

Helene sah ihn dankbar an. «Lesen. In der Schule hatte ich den ersten Platz. Ich lerne leicht. Und ich singe gern und spiele Klavier.»

Die Tübinger Frau Schulze schnaubte und blickte säuerlich vor sich auf den Tisch.

«In Maßen ist das Lesen eine sinnvolle Beschäftigung für ein Mädchen. Wenn du möchtest, kannst du in der Lesebibliothek der Gemeinde aushelfen», sagte Vater. «Besonders im Winter wird sie gut angenommen.»

«Vater hat sie vor ein paar Jahren für die Jugend gegründet», warf Marie stolz ein. «Im Winter lese ich dort manchmal den Kleinsten vor.»

«Ich habe da etwas für dich!» Mutter erhob sich behände und schloss den Bücherschrank auf. Sie reichte Helene ein schmales rotes Bändchen. «Kennst du schon die Geschichten von Ottilie Wildermuth? Sie ist eine Tübinger Lehrersfrau und schreibt herrlich über das Leben hier bei uns in Württemberg.»

Dankend nahm Helene das Buch entgegen, hielt es mit beiden Händen vor der Brust fest und wandte sich wieder an Vater. «Werde ich denn Stunden haben? Ich habe so viele Fragen ...»

«Wenn ich Zeit habe, unterrichte ich euch, meistens aber übernimmt das Pfleiderer.» Er nickte seinem Vikar zu. «Ich schlage euch eine Lektüre vor und empfehle ansonsten, fleißig mit anzupacken und bei der Predigt die Ohren zu spitzen. Dabei lernt ihr Mädchen alles, was ihr wissen müsst.»

«Mutter! Mutter! Gibt es Kuchen? Gibt es ...» Schmutziger, als jemand an nur einem Tag werden konnte, stürzte Maries kleiner Bruder in die Stube und blieb wie angewurzelt stehen, als er die große Tischgesellschaft sah. In Richards blondem Haar hingen Blätter. Marie stöhnte innerlich über ihren Bruder, der mittlerweile auch schon zehn Jahre alt war und sich nach seinem Streifzug durch Wald und Flur zumindest hätte die Hände waschen können. Auch der Vater sah ihn streng an.

«Richard, zieh dich um. Der Kuchen ist schon aufgegessen.»

Das Gesicht des Jungen verzerrte sich. Richard hob ein Bein, um aufzustampfen, beherrschte sich aber noch rechtzeitig und rannte stattdessen wieder aus der Tür.

«Der Arme! Er mag Kuchen doch so gern!», kicherte Alwine.

«Du hast also auch einen Theodor!», sagte Helene zu Marie.

«Ja, und vielleicht sollte ich ihn auch öfter einmal mit der Stricknadel stechen», gab Marie zurück und entlockte Helene damit zum ersten Mal ein echtes Lächeln. Es gelang Marie nicht oft, einen Scherz zu machen. Sie tat so, als bemerkte sie Mutters tadelnden Blick nicht.

«Kommt heute der Max nach Hause?», erkundigte sich Pfleiderer.

«So ein prächtiger Bursche, euer Ältester», mischte sich Frau Schulze ein. Ihr Mann war offenbar wenig gesprächig. «Wir haben ihn schon ein paarmal zum Abendessen bei uns gehabt.»

«Ich danke Ihnen.» Mutter lächelte erfreut. «Er kommt heute, und er bringt übers Wochenende noch jemanden mit. Einen Studienfreund.»

Der Nachmittag verging damit, dass Marie Helene das große Haus und den Garten zeigte und sie zusammen Helenes Habseligkeiten in Maries leer geräumter Schrankhälfte verstauten. Die in den ersten Stunden so mitteilsame neue Pensionatsschwester war dabei eigenartig still und abwesend. Vielleicht war es ihr unangenehm, das Zimmer mit Marie zu teilen, vielleicht war sie erschöpft von der Reise. Sie schien düsteren Gedanken nachzuhängen, für die sie ja auch Anlass genug hatte.

Einmal ertappte Marie sie dabei, wie sie mit dem Armvoll Weißzeug nachdenklich aus dem Fenster in den Grasgarten blickte, wo Friederike und Alwine unter der Buche saßen und stickten.

Stirnrunzelnd wandte sich Helene zu Marie um. «Habt ihr denn schon viele Pensionatstöchter gehabt?»

«O ja.» Marie klappte Helenes leeren Lederkoffer zu und schloss die Schnallen. «Es kommen jedes Jahr welche, seit ich groß genug bin, um mitzuhelfen.»

«Ist es nicht traurig für dich, wenn sie wieder gehen?»

Natürlich war Marie traurig gewesen, früher, als die Ersten gekommen und gegangen waren. Da hatte sie sich an die Mädchen noch gebunden, mit ganzem Herzen auf die Freundschaften zu ihnen eingelassen. Marie war schon immer ein schüchterner Mensch gewesen, der sich nur schwer öffnete. Doch als ihre liebste Pensionatsschwester Elise nach ihrem Jahr in Eningen abgereist war, hatte Marie einen ganzen Tag im Gebüsch hinter der Scheuer gesessen und bitterlich geweint. Vierzehn Jahre alt war sie da gewesen. Inzwischen ging sie mit den vielen Gästen erwachsener um. Gäste galt es zu versorgen, man musste sich ihren Sorgen und Kümmernissen widmen und ihnen den Besuch so angenehm wie möglich gestalten, damit sie mit Freude und Wärme im Herzen weiterzogen. Das sahen die Eltern so, und deswegen war es eben Maries Aufgabe. «Wir schreiben uns doch und bleiben mit den meisten im Kontakt. Und es ist schön, in alle deutschen Länder Beziehungen zu haben», antwortete sie.

«Willst du nicht auch einmal selber ein Pensionsjahr verbringen?»

Marie lachte. «Aber ich werde hier doch gebraucht! Wie soll Mutter denn alles alleine schaffen? Es ist immer so viel Trubel bei uns. Vater sagt, dadurch bekomme ich hier zu Hause die beste Ausbildung.»

Helene setzte sich auf ihr Bett, die Wäsche immer noch auf dem Schoß. «Es muss schön sein, in so einem lebendigen Haus aufzuwachsen!»

Manchmal hätte Marie es schön gefunden, auch nur einen Tag Ruhe zu haben und für sich zu sein, aber die Bewunderung der anderen Mädchen zeigte ihr immer wieder, wie gut sie es hatte. «Langweilig wird es einem jedenfalls nicht», sagte sie und hob Helenes leeren Koffer auf den Schrank. «War es bei euch zu Hause stiller?»

«Sehr still.» Helene trat neben sie und legte die Baumwollsachen in den Schrank. «Es gab niemals Einladungen, nachdem Mutter gestorben war. Vater ging abends fort, wir Kinder sind allein geblieben.» Der Schalk blitzte wieder in ihren Augen auf. «Manchmal haben wir uns dann heimlich auf der Gasse herumgetrieben, im Dunkeln, und uns draußen mit Freunden meiner Brüder getroffen.»

Marie musste daran denken, wie die Frau des Schusters Schauffler noch vor Kurzem vom Gemeinderat zu einem Bußgeld verurteilt worden war, weil sie am Sonntag Verwandte besucht hatte und erst nach Einbruch der Dunkelheit zurückgekehrt war. In diesen Dingen, fand Vater, müsse Ordnung herrschen. Frauenzimmer gehörten nachts nicht mehr auf die Straße, damit gefährdeten sie sich und andere. «Das würde dir hier allerdings einigen Ärger einbringen», sagte sie deshalb, aber sie sagte es mit einem Augenzwinkern. Helene wirkte nicht böswillig und würde sich schon an die Regeln halten, die hier galten.

Beim Rundgang durch die Gemüse- und Obstgärten schien Helene wieder besserer Dinge zu sein, in den Hofhund Hasso war sie ganz vernarrt – sie habe zu Hause selbst einen Hund gehabt, erzählte sie. Danach nahm Vater sie mit, um ihr die Andreaskirche und das prächtige, neu erbaute Armenspital zu zeigen. So hatte Marie Zeit, sich um Max' Wäschekistle zu kümmern, das er regelmäßig mit Schmutzwäsche gefüllt nach Hause schickte, wie die meisten Studenten es taten. Nun konnte er es ja persönlich mit zurück nach Tübingen nehmen, und sie mussten es nicht mit der Post schicken. Seine Wäsche war zwar bereits gewaschen, aber Marie musste sie noch glätten, falten und ordentlich in die Kiste schichten. Vater sah nicht gern, wenn sie derlei am Wochenende tat.

Beim Abendessen zeigte sich Helene beeindruckt von Vaters Ortsführung. «Eningen wirkt überhaupt nicht wie ein Dorf», sagte sie, «es sieht viel eher aus wie eine kleine Stadt mit den vielen Wirtschaften und all den stattlichen, vierstöckigen Häusern.»

Schultheiß Amos, der in einer geschäftlichen Sache herübergekommen und genötigt worden war, zum Abendessen zu bleiben, nickte zufrieden. «Wir hätten auch Stadt werden können», bestätigte er. «Aber die Eninger wollten lieber das größte Dorf im Königreich Württemberg bleiben.»

Helene sah ihn fasziniert an. Sie hatte sich einen feinen Spitzenkragen umgelegt, um den Marie sie beneidete, und sich die Haare frisch frisiert – zu einem imponierend hohen Dutt. Sie sah jeden Zoll aus wie die norddeutsche Patriziertochter, die sie war. Es fehlte nur ein wenig die weibliche Note. Alwine würde ihr beibringen müssen, wie man sich mit der Brennschere ein paar gefällige Löckchen drehte, die kannte sich mit so etwas aus.

Die drei Pensionatstöchter verstanden sich gut, das merkte

man bereits. Helene hatte von den dreien das ruhigste Temperament. Sie schien jemand zu sein, der gut zuhörte, gründlich nachdachte und nur das Wort ergriff, wenn sie etwas zu sagen hatte. Allerdings steuerte sie die eine oder andere unterhaltsame Anekdote bei – das lag ihr offenbar. Auch Vater, Amos und Pfleiderer waren in ein Gespräch über Gemeindeangelegenheiten vertieft, und so erlaubte sich Marie, ihren eigenen Gedanken nachzuhängen.

Die Familie und die Hausgäste hatten sich den Leberkäse und den schwäbischen Kartoffelsalat schmecken lassen. Anna, die Magd, begann gerade die leeren Schüsseln abzutragen, da flog mit einem Knall die Tür auf und zwei junge Männer traten ins Zimmer.

«Max!», rief Richard und stürzte dem großen Bruder in die Arme. Dieser hob ihn einmal kurz in die Luft und setzte ihn dann postwendend wieder auf seinen Stuhl.

«Guten Abend allerseits!» Max strich sich die dichten schwarzen Haare aus dem erhitzten Gesicht.

«Wie schön, dass ihr da seid», sagte Mutter und bot ihrem Sohn die Wange zum Kuss.

«Entschuldigt, wir sind spät losgekommen. Der Dozent in Ethik hat über eine Stunde überzogen, und dann haben wir den Zug verpasst», sagte Max. «Von Reutlingen aus sind wir zu Fuß gegangen.»

«Da habt ihr sicher Hunger», sagte Mutter und spähte etwas nervös nach den leeren Schüsseln in Annas Hand. «Bring noch Kartoffeln», sagte sie leise zu ihr. «Wir haben nicht alle geschält. Und in der Kammer hängen noch Würste.» Die Magd huschte aus dem Zimmer.

Die Männer erhoben sich und schüttelten den Neuankömmlingen die Hände. «Und wen haben wir da?», fragte

Vater. Er verdeckte Marie mit seinem breiten Rücken die Sicht. Sie konnte aber sehen, wie die anderen Mädchen interessiert die Hälse reckten.

«Ludwig Ehrenwirth», ertönte eine sonore Stimme. «Verzeihen Sie die Verspätung, gnädige Frau. Vielen Dank, dass ich eingeladen bin, Herr Pfarrer.»

«Sehr gern, sehr gern, bei uns sind alle willkommen», dröhnte der Vater. «Außerdem geht mir doch das Herz auf, wenn ich die Farben meiner alten Germania an euch sehe! Dass ihr wieder Schwarz-Rot-Gold tragen dürft, zeigt, dass wir Hoffnung haben dürfen für das Land.»

«Und wir tragen die neuen, die alten Farben mit Stolz!», entgegnete der Neuankömmling etwas pompös und machte eine kleine Verbeugung.

Nun trat der Vater zu Seite, und Marie konnte einen Blick auf Max' Bundesbruder erhaschen. Der junge Germane trug sein Band über einer eleganten hellblauen Jacke mit langen Schößen, darüber ein kunstvoll verschlungenes, blütenweißes Halstuch. Ein paar Strähnen seiner langen dunkelblonden Haare waren ihm aus dem Zopf gerutscht und fielen ihm in die Augen. Die Aufmachung und die langen Haare verliehen ihm etwas Künstlerisches. Er hatte eine gerade Nase, einen schmalen Mund und einen wachen Blick, der nun zu den jungen Mädchen hinüberwanderte, die am Tisch sitzen geblieben waren. Hastig neigte Marie den Kopf und murmelte eine Begrüßung.

Er verbeugte sich auch in ihre Richtung, und als er sich wieder aufrichtete, zwinkerte er ihr zu. Dann aber blieb er neben der Tür stehen, während Max die Runde um den Tisch machte und allen die Hand schüttelte. Besonders Helene begrüßte er herzlich und hieß sie in Eningen willkommen. Sie errötete ein wenig – tja, sie wäre nicht die erste Pensionatstochter, die für Max schwärmte.

Die beiden jungen Männer bekamen ihre Plätze zugewiesen – Max zwischen dem Ehepaar Schulze, das mächtig Aufhebens um ihn machte, Ludwig wurde zwischen Vater und Marie gesetzt.

«Da habe ich aber den besten Platz bekommen», sagte Ludwig und hängte, ohne den Blick von Marie abzuwenden, seine hellblaue Jacke über die Stuhllehne. Dann setzte er sich und lächelte sie erwartungsvoll an.

Ach, du liebe Güte, was sollte sie nur sagen? Es lag ihr nicht, Konversation zu machen, und bei all den Leuten, die stets um den Tisch herumsaßen, fiel das zum Glück meist überhaupt nicht auf. Dieser junge Mann jedoch schien sich mit ihr – ihr! – unterhalten zu wollen. Sie spürte, wie ihr die Hitze ins Gesicht stieg. Mit klopfendem Herzen starrte sie auf die Tischplatte.

«Wie kommt es denn, dass ihr bis vor Kurzem noch andere Farben getragen habt?», ertönte da Helenes klare Stimme. «Ich dachte, eine Burschenschaft hat ihre Farben und behält sie auch.»

«Die Tübinger Germanen sind vor zwanzig Jahren verboten worden», erläuterte Max. «Zum zweiten Mal. Nach der Revolution von 48. Wir haben für Freiheit, Einheit, Mitbestimmung gekämpft. Sind leider gescheitert. In den Fünfzigerjahren hießen wir, damit sie uns in Ruhe lassen, erst Normannia, dann Tubingia. Vor zwei Jahren erst ist das Verbot der Einheitsfarben Schwarz-Rot-Gold wieder aufgehoben worden. Und jetzt heißen wir endlich auch wieder Germanen.»

Vater nickte und sagte an Ludwig gewandt: «Zu meiner Zeit hatten die Beschlüsse vom Wiener Kongress noch mehr Wirkungsmacht. Es galt als Umstürzler, wer sich für ein einiges

Deutschland eingesetzt hat. Viele haben ihr Leben gelassen. Heute darf sich ein junger Mann offen zur nationalen Einheit bekennen.» Er blickte zu Schultheiß Amos hinüber. «Inzwischen sitzen gute Männer im Landtag und nehmen Einfluss. Und die Fahne der Einheit weht selbst auf dem Frankfurter Fürstentag.»

«Sie sitzen im Landtag?», fragte Ludwig staunend an Amos gewandt. Auch Helene blickte so überrascht drein, als hätte sie einen Eninger Schultheiß nicht in einer so einflussreichen Position vermutet.

«Seit drei Jahren!», erwiderte dieser.

«Ich höre, der neue König ist liberal eingestellt?», fragte Max. «Können wir endlich mit Pressefreiheit rechnen, Vereinsfreiheit?»

Amos wiegte bedächtig den Kopf. «Karl ist jung und noch keinen Monat König. Es ist schwer zu sagen. Er setzt gerade erst einen neuen leitenden Minister ein, von dem wird viel abhängen. Aber er neigt der Einheit zu und begreift, dass die Österreicher und Katholiken sie verhindern. Deswegen blickt er eher nach Norden.»

«Der Krieg in Schleswig-Holstein ist ein großer Schritt ...», setzte Helene an.

«Ihr Mädchen sollt über Dinge schweigen, von denen ihr nichts versteht, Helene», mahnte der Vater. «Lasst uns das Politisieren in Anwesenheit der Frauen bleiben lassen, ihr Burschen. Da kommt euer Essen. Wir können danach bei einer Pfeife weitersprechen.»

Marie schielte vorsichtig zur Seite und zuckte innerlich zusammen, als sie Ludwigs blauem Blick begegnete. Wie konnte es sein, dass er immer noch zu ihr herübersah? Er hob eine Augenbraue, sein Mundwinkel verzog sich zu einem Lächeln.

Anna stellte Teller mit hastig angebratenen Resten vor die Studenten auf den Tisch. Während die jungen Männer aßen, wurden sie von den drei älteren nach ihren Seminaren ausgefragt, nach den alten Funktionsträgern im Stift, die Pfleiderer teilweise noch aus seiner eigenen Studienzeit kannte. Marie hörte bald nicht mehr zu, das alles ging sie nichts an. Stattdessen schielte sie auf Ludwigs Hände, die Messer und Gabel mit vornehm abgespreiztem Finger hielten, langen, gebräunten Fingern. Woher er wohl stammte? Und warum schaute er sie so neugierig an?

Die Teller waren schnell geleert, und Mutter rutschte schon wieder nach vorn auf die Stuhlkante. Sicher hatte sie wie immer noch einiges zu erledigen. Nun sollte es hier um Politik gehen, da war es an der Zeit, dass man hinauskam. Marie stand auf und begann, die beiden benutzten Teller einzusammeln.

«Mein Vater war auch gegen die Kleinstaaterei und für ein geeintes Deutschland.» O nein, Helene ergriff schon wieder ungefragt das Wort! «Zu Hause hing über meinem Bett ein Bild von Theodor Körner. Die Gedichte haben wir begeistert auswendig gelernt. ‹Und der Funke der Freiheit ist glühend erwacht / Und lodert in blutigen Flammen›!»

Ein unbehagliches Schweigen entstand – was sollten die Herren auch zu einem Mädchen sagen, das eben noch zum Schweigen ermahnt worden war und nun solche Verse zitierte? Marie schämte sich ein wenig für die Neue, aber auch für ihren Vater, der durch sie bloßgestellt war. Max sah die Neue erstaunt, aber mit einem belustigten Blitzen in den Augen an. Amos räusperte sich verlegen.

Hastig fragte Marie: «Helene, kannst du mir helfen? Du könntest die Wasserkanne tragen.»

Widerwillig stand ihre Pensionsschwester auf. Auch die

anderen Frauen scharrten mit ihren Stühlen, und Mutter verkündete: «Richard, du musst ins Bett.»

Marie ging mit gesenkten Augen am Tisch vorbei – sie wollte keinesfalls noch einmal Ludwigs Blick begegnen. Hastig stieg sie hinter den anderen Frauen hinunter zur Küche. Auf der Treppe holte sie Helene ein. «Du darfst nichts sagen!», zischte sie ihr zu. «Frauen sprechen nicht, wenn Männer reden, Vater wird sonst ungehalten.»

Helene blieb stehen und sah sie verblüfft an. «Warum nicht?»

Nun war es an Marie, verblüfft zu sein. «Die Frau schweige in der Gemeinde, sagt Paulus.»

«Aber ...», setzte Helene an, dann verstummte sie.

«Die Männer sind doch gelehrt. Die wollen unser Gewäsch nicht hören.» Marie lachte. «Ist es bei euch zu Hause anders?»

«Ich werde mich an eure Sitten schon gewöhnen». Helene nickte ihr mit einem angestrengten Lächeln zu.

Da kam ihnen Anna, die Magd, schon wieder aus der Küche entgegen. «G'scheiter, m'r denkt alles, was m'r sagt, als m'r sagt alles, was m'r denkt», sagte sie zu Helene, bevor sie mit einem Krug Wein wieder zu den Herren hinaufstieg. Man hätte es freundlicher ausdrücken können, dachte Marie, aber recht hatte sie damit.

Der nächste Tag, ein sonniger Samstag, stand ganz im Zeichen der Kirschen. Sie mussten auf der Obstwiese geerntet werden, bevor die Vögel sie sich holen, und so brachen nach dem Frühstück alle vier Mädchen, Max und sein Bundesbruder zusammen mit dem kleinen Richard auf ins Gütle. Marie hatte sich schon die ganze Woche auf diesen Tag gefreut, der ihr vorkam wie ein Sonntag – den ganzen Tag ohne Aufsicht im Freien verbringen zu dürfen!

Verstohlen schob sie sich ihren Märchenkalender unter die Schürze und ließ ihn unten in der Küche in den Korb für die Kirschen gleiten. Vielleicht würde sich eine Gelegenheit ergeben, an einem schattigen Plätzchen einige Seiten zu lesen. Vater sah es nicht gern, wenn sie am helllichten Tag die Nase in ein Buch steckte, Max hingegen betrachtete die Sache liberaler und würde es damit nicht so genau nehmen. Bald darauf setzte sich der kleine Tross in Bewegung. Plaudernd bogen sie mit ihren großen Körben am Arm nach links auf die Dorfstraße ein und stiegen dann am Armenspital vorbei bergan. Der Aufstieg zur Achalm, an deren Flanke das Gütle lag, begann steil. Die Neue geriet nicht ins Schnaufen, bemerkte Marie anerkennend, aber Alwine hielt mit ihren gezierten Trippelschritten wieder einmal alle auf. Sie trug ein weißes Kleid mit gelbem Streublümchenmuster und einen Strohhut – zur Kirschenernte! Na, ihr Vater war Ministerialrat in Hannover, da war ein gutes Kleid offenbar zu verschmerzen.

Verstohlen sah Marie zu Ludwig hinüber, der ebenso wie Max angesichts der Wärme nur im Hemd aufgebrochen war. Ihr blonder Gast sah äußerst hochgewachsen und schlank aus, der gedrungene Max mit den schwarzen Borsten machte neben ihm eine weniger gute Figur. Wie schade, dass auch Marie das beinahe schwarze, störrische Haar ihres Vaters geerbt hatte.

Als die jungen Männer kurz stehen blieben, weil Max Ludwig auf den Blick hinunter nach Reutlingen aufmerksam machte, trippelte Alwine hastig an ihr vorbei und schob sich neben Ludwig. «Du musst uns erzählen, woher du kommst», sagte sie und sah ihn mit einem koketten Augenaufschlag an.

Unter ihrem Rock trug sie mehrere ausladende Schichten – Marie und Helene dagegen hatten sich am Morgen für einfache Unterröcke und knöchellange Röcke entschieden.

«Mich würde deutlich mehr interessieren, woher *du* kommst», antwortete Ludwig mit seiner angenehmen Stimme. «Aber da alle anderen das schon wissen, will ich antworten. Ich bin ein Pfarrerssohn, wie Max hier», er versetzt Maries Bruder einen Klaps auf den Oberarm. «Allerdings habe ich leider keine reizenden Schwestern.» Er wandte sich halb um und lächelte Marie zu. Erschrocken lächelte sie zurück. «Aufgewachsen bin ich auf der Alb, bei Münsingen, wo ein raues Klima herrscht. Dort ist es lang nicht so lieblich wie hier. Nach der Schule bin ich in Vaters Fußstapfen getreten und ans Stift nach Tübingen gegangen. Dort bin ich Eifert junior begegnet.»

«Was für ein Glück für uns!», flötete Alwine.

Das war ja kaum zu ertragen. «Möchtest du auch Pfarrer werden?», hörte Marie sich fragen.

Prompt ging Ludwig einen Schritt langsamer, sodass er auf ihre Höhe zurückfiel. «Das möchte ich», sagte er ernst und sah sie forschend an. In seinem Blick schien eine Bedeutungsschwere zu liegen, die sich Marie nicht ganz erschloss. «Die seelsorgerische Arbeit ist meiner Ansicht nach die höchste, die man anstreben kann.»

«Und du, Max?», hörte sie Helene fragen, die zu ihrem Bruder aufgeschlossen hatte. «Möchtest du auch in die Fußstapfen eures Vaters treten?»

«Das weiß ich noch nicht», erwiderte dieser. «Die Theologie ist wichtig, aber andere Fächer sind mir beinahe ebenso lieb. Die Philologie zum Beispiel.»

«Was treibt ihr denn genau in der Philologie?», fragte Friederike, die auf Max' andere Seite vorgerückt war.

«Philologie ist die Lehre von ...» Max schüttelte den Kopf. «Wir lesen und deuten Gedichte. Dramen. Epen.»

«Und woran arbeitet ihr gerade?», fragte Helene.

Max sah sie etwas verwundert an. Marie ärgerte sich. Würde er jetzt weit ausholen, um ihnen etwas zu erklären, was sie ohnehin nicht verstanden? Was für vertane Zeit. Sie hätte viel lieber mehr über Ludwig erfahren, der sich schon wieder das Haar aus dem Gesicht strich und zu ihr herüber lächelte.

«Ich habe zum Beispiel ein Seminar über Schillers Dramen belegt», sagte Max.

«O, der hundertste Schillergeburtstag ist eine meiner liebsten Kindheitserinnerungen», sagte Helene. «Ganz Oldenburg war geflaggt, es war ein richtiges Volksfest. In der Schule mussten wir ‹Die Glocke› auswendig lernen.»

«Ich habe einmal im Theater in Bremen ‹Kabale und Liebe› gesehen», steuerte Friederike schwärmerisch bei.

«Und?», fragte Helene. «Wie hat es dir gefallen?»

«Ich habe nicht jeden Gedanken verstanden, fürchte ich, dazu war ich zu jung. Aber es war sehr bewegend.»

«Das ging mir ähnlich», sagte Helene, die jetzt mit großen Schritten neben Max herging. Ihr hoher goldener Dutt fing die Sonne ein. «Mir fiel als Kind im Bücherschrank meiner Eltern der ‹Don Carlos› in die Hände, und meine Mutter fand mich später schluchzend auf dem Fenstertritt. Ich heulte und brachte nur hervor, dass die Prinzessin Eboli den Schlüssel verloren habe. Und die arme Mondekar sollte fern von Madrid über etwas nachdenken, was ich nicht verstand.»

Max brach in schallendes Gelächter aus, und auch Ludwig begann zu grinsen. «Die weiblichen Charaktere haben dich sehr beschäftigt, wie ich sehe. Aber vielleicht tut ein wenig Aufklärung Not?»

«Unbedingt. Wollen wir nicht alle zusammen den ‹Don Carlos› lesen?» Helene ging recht forsch zur Sache, fand Marie.

«Wir können gerne morgen damit anfangen», versprach Max ihr. «Wenn uns nach Kirche und Pfarrkränzchen noch Zeit bleibt.»

Marie seufzte leise. Vielleicht konnte sie sich ja durch irgendeine Pflicht aus dieser Verabredung befreien.

«Hast du denn Brüder?», wandte sich Alwine, die das Gespräch offensichtlich mit geringem Interesse verfolgt hatte, wieder an Ludwig.

Dessen Gesicht verschloss sich. «Drei meiner Brüder sind jung gestorben. Ich bin das einzige Kind meiner Eltern, das überlebt hat.»

Marie schlug sich die Hand vor den Mund. Wie fürchterlich! Was hatte seine Familie gelitten! Auch Mutter hatte drei Kinder tot geboren und den Schmerz nie ganz verwunden, schloss sie jeden Abend in ihr Gebet ein. Und dabei hatte sie drei gesunde Kinder! Marie sah Ludwig mit neuen Augen an. Ja, es stimmte, etwas Ernstes, Tragisches ging von ihm aus.

«Deine arme Mutter!», flüsterte sie.

«Das tut mir von Herzen leid», sagte Alwine kleinlaut.

Als sie auf der Obstwiese, dem Hörnle, ankamen, saß Richard schon im höchsten Baum und stopfte sich Kirschen in den Mund. Sein Hemd war bereits violett verschmiert. Marie stellte ihren Korb unter ihm ab und stützte die Hände in die Hüften. «Wie siehst du denn nach fünf Minuten schon wieder aus?»

Helene ging hinter ihr vorbei. «Ist mit dir nicht gut Kirschen essen?»

Marie spürte, wie sich ihr Gesicht gegen ihren Willen zu einem Lächeln verzog. Sie zog an dem Ast, vor dem sie stand, und steckte sich ebenfalls eine der roten Früchte in den Mund.

Sie ernteten, immer zu zweit in einem Baum. Helene teilte sich ihren mit Max, und aus der Richtung der beiden drangen unaufhörlich Gesprächsfetzen an Maries Ohr. Sie schnappte nur einzelne Worte auf – Maria Stuart, Konflikt, Argument. Wie konnte man nur so neugierig sein? Helene ließ nicht locker und fragte ihrem Bruder ein Loch in den Bauch. Auch Ludwig weiter hinten schien gern zu reden – Alwine und Friederike brachten ihn geschickt zum Dozieren.

Als die Kirchenglocke unten im Dorf zwölfmal schlug, legten alle eine kleine Pause ein, und Marie gelang es, im Schatten eines dicken Astes köstliche zehn Minuten ungestört zu lesen. Sie liebte die Stille, das Summen der Bienen, das Rauschen des Windes in den Blättern, den säuerlich-süßen Geschmack der Kirschen auf der Zunge.

Hinterher hatte sich allerdings Richard aus dem Staub gemacht – vermutlich war ein Spielkamerad vorbeigekommen – und sie musste ihren Baum alleine zu Ende ernten.

Als Max schließlich rief: «Es reicht für heute, lasst uns nach Hause gehen!», war es, als erwachte sie aus einem schönen Traum.

Die Körbe wurden zusammengestellt, und Max und Ludwig begannen, sie ritterlich zwischen sich aufzuteilen. Marie wandte sich etwas ab und steckte sich ihren Kalender unter der Schürze in den Rockbund. Unterdessen hatte Alwine nach Friederikes Hand gefasst und begann, sie übermütig den Hang hinunterzuziehen. Ihr helles Kleid blähte sich bei jedem ihrer gezierten Hüpfer anmutig hinter ihr, mit der freien Hand hielt sie sich den Strohhut auf dem Kopf fest. Der Rest der Gruppe setzte sich in Gang, um den beiden zu folgen. Plötzlich quiekte Alwine spitz auf und stürzte zu Boden. Marie fiel auf, dass das langsam geschah, es war eher ein elegantes Sinken als ein Fallen.

Friederike ging erschrocken neben ihr auf die Knie. Ludwig stellte seine Körbe ab und war mit wenigen Schritten bei den Mädchen angekommen. Die anderen folgten langsamer. «Hast du dich verletzt?», fragte er Alwine, die auf dem Rücken lag und sich theatralisch die Hand über die Augen gelegt hatte. Sie spreizte die Finger ein wenig, um hindurch zu spähen, und hauchte: «Ich weiß es nicht.»

«Darf ich?» Behutsam nahm er ihren Knöchel in die Hand, der schmal war und mit einem feinen weißen Stumpf bedeckt. Vorsichtig drehte er den Fuß erst in die eine, dann in die andere Richtung, und Alwine seufzte. Sie stützte sich auf die Ellenbogen und blickte zu ihm auf.

«Tut es weh?», fragte Ludwig.

«Ach, ja», wisperte Alwine und schaute ihm tief in die Augen. «Aber wenn du mir hilfst, kann ich bestimmt auftreten.»

Marie konnte nicht verhindern, dass Ärger in ihr aufstieg. Dieser Augenaufschlag hatte Alwine verraten. Das Mädchen hatte seinen Sturz inszeniert, da war sie sich ganz sicher. Kam das nicht einer Lüge gleich? Ein anständiges Mädchen verhielt sich nicht so kokett. Es störte Marie mehr, als sie gedacht hätte, dass Ludwig Alwine nun ritterlich aufhalf. Er warf Max einen Blick zu, in dem Marie ein amüsiertes Glitzern wahrzunehmen glaubte, dann hob er Alwine mit einem Ruck auf seine Arme und trug sie den Hang hinunter.

Max gab ein Schnauben von sich, das verdächtig wie ein Lachen klang. «Dann gib mir mal einen Korb», sagte Helene trocken und hob einen der von Ludwig stehen gelassenen Kirschkörbe an. Marie nahm sich die beiden anderen.

«Durchsichtig», murmelte sie leise, nachdem sie sich wieder in Bewegung gesetzt hatten.

«Scheint die gewünschte Wirkung aber nicht ganz zu erzielen», versetzte Helene ebenso leise. «Es sei denn, sie war bloß faul und wollte getragen werden.»

«Aber hast du gesehen, wie er auf ihre Strümpfe gestarrt hat?»

«Wenn er sich in Strümpfe verliebt, ist ihm auch nicht mehr zu helfen», erwiderte Helene trocken.

Marie musste kichern, und Helene stimmte mit ein. Sie blieben ein Stück hinter den anderen zurück und gingen schweigend nebeneinanderher. Die Mittagsonne brannte erbarmungslos auf sie herunter, sogar das Vogelgezwitscher war beinahe verstummt. Der Blick konnte von hier oben aus weit schweifen, dunkelgrün lag auf der anderen Talseite der gewellte Albtrauf im Hitzedunst. Marie deutete über Eningen hinweg ins Arbachtal hinein. «Dort drüben», sagte sie, «das ist der Mädlesfelsen.»

Helene blickte zu dem mächtigen Kalksteinfelsen hinüber, der wie ein heller Zahn vor der bewaldeten Bergkuppe hervortrat. «Wieso heißt er so?», fragte sie.

«Ach, man erzählt sich ein Märchen darüber. Angeblich saß dort oben einmal ein Fräulein und strickte einen Seidenschal. Sie stammte aus dem Gefolge der verwunschenen Urschel, die im Ursulaberg wohnt. Deshalb strickte sie mit langen, dünnen goldenen Nadeln. Aber ohne jemanden zu stechen.»

Helene grinste.

«Das Nachtfräulein genoss die gute Luft und den schönen Ausblick ins Tal. Doch plötzlich wurde die Ruhe unterbrochen, und das Fräulein schreckte von Hundegebell auf. Sie sprang auf, um zu sehen, was der Grund dafür wäre. Da ritt mit donnernden Hufen ein Jäger zu Pferd auf sie zu, der nichts Gutes im Schilde führte. Seine Augen funkelten feurig, er rief ihr etwas Unwiederholbares zu. Sie stand hilflos und verzweifelt am Abgrund, seine kläffende Hundemeute schnitt ihr den Fluchtweg ab. Nur ein Sprung hinunter konnte sie vor ihm bewahren! In ihrer Not sprang das Mädle und blieb wie durch ein Wunder unverletzt. Der Jäger jedoch, der es gesehen hatte und ihr nachsprang, zerschellte mit seinem Ross am Fuß des Felsens.»

Helene sah sie überrascht an. «Du kannst gut Geschichten erzählen!»

Marie zuckte mit den Schultern und sah zu Boden. «Das sind nur Flausen. Nützlich ist das nicht.»

«Doch, natürlich! Gibt es viele Märchen, die hier am Albrand spielen? Du musst sie aufschreiben! Wie die Brüder Grimm!»

Marie musste lachen. «Du hast Ideen! Woher soll ich denn die Zeit nehmen? Ich bin doch kein Mann!»

Sie waren wieder in der Gartenstraße angekommen und näherten sich dem Haus von hinten, von der Pfarrscheuer her. Als sie durch den großen Grasgarten kamen, sahen sie von Weitem, wie Ludwig Alwine absetzte. Alwine drückte Ludwig etwas Weißes in die Hand, dann ließ sie sich von Mutter in Empfang nehmen und am Arm in Haus führen. Ludwig lehnte sich gegen die Hauswand, um auf die anderen zu warten, und wechselte ein paar scherzhafte Worte mit Max, der als Erster am Haus ankam. So besorgniserregend schien Alwines Zustand also nicht zu sein.

Dann blickte Ludwig suchend in den Garten, und als er Marie und Helene näher kommen sah, stieß er sich von der Wand ab und kam eilig auf sie zu, um ihnen die schweren Obstkörbe abzunehmen.

«Danke», sagte Helene und eilte gleich weiter, weil sie gesehen hatte, dass Anna auf dem Hof einen Krug mit Wasser herumreichte. «Alles isch vergänglich, dr Durscht bleibt lebenslänglich», hörte Marie die Magd sagen.

«Nun musstest du die Last mit deinen zarten Händen so weit tragen», sagte Ludwig leise. Sein Blick hing an Maries Fingern, die sie hastig verschränkte, und hob sich dann zu ihren Augen. Wieder wirkte er übermäßig ernst.

Beklommenheit stieg in Maries Kehle auf. «Du hast Alwine getragen. Das war ritterlich!», sagte sie mit belegter Stimme. Sie hätte gern etwas Amüsantes hinzugefügt, etwas, das gleichzeitig kein schlechtes Licht auf ihre Pensionsschwester warf, aber ihr wollte nichts in den Sinn kommen. Ihr Blick fiel auf seine Hosentasche, aus der ein weißes besticktes Tüchlein hervorlugte. Wieso hatte Alwine es ihm gegeben? Als Unterpfand ihrer Liebe? War etwas darin eingewickelt? Der Gedanke, dass es zwischen den beiden eine Art von heimlicher Übereinkunft geben könnte, schmerzte Marie mehr, als sie wahrhaben wollte. Tapfer erwiderte sie Ludwigs Blick.

«Petrus spricht: ‹Euer Schmuck sei nicht der äußerliche durch Flechten der Haare und Umhängen von Gold oder Anziehen von Kleidern, sondern der verborgene Mensch des Herzens im unvergänglichen Schmuck des sanften und stillen Geistes.› Mir imponiert ein Mädchen, das still seine Pflicht tut und nicht nach Aufmerksamkeit heischt.» Wieder hatte er leise gesprochen. «Das bei seinen alltäglichen Tätigkeiten voller Heiterkeit ist und ohne Begehr. Ein wahrhaft anmutiges Mädchen.»

Unendlich scheinende Sekunden sah er sie noch an, dann

löste sich sein Blick von ihrem. Er verbeugte sich ganz leicht, wandte sich um und verschwand mit dem Korb ins Haus.

Marie blieb stehen wie erstarrt. Schweiß rann ihr den Rücken hinunter. Eine Brise kam auf, streichelte ihren Nacken und ließ sie erschauern. Auf den Gänseblümchen zu ihren Füßen summten zwei Bienen.

HELENE

Berlin, Hansa-Ufer
Spätherbst 1926

«Kannst du wenigstens den Brief an Emmy mitnehmen?»

Sie weiß, es klingt unwirsch. Soll es auch. Helene hat es satt, immer allein zu frühstücken, allein die Zeitung zu lesen, unbedeutend, alt, vergessen. Ihre Freundin nimmt sich kaum noch Zeit für sie. Früher hat Gertrud sie stets nach ihrer Meinung gefragt, sich auf ihren Rat verlassen. Nun scheint sie den nicht mehr zu brauchen. Jeden Morgen hastet Frau Ministerialrat gleich nach dem Kaffee zu irgendeiner Sitzung in Ministerium, Partei, Parlament oder Verein.

Gertrud dreht sich in der Tür noch einmal um. «Aber natürlich. Liegt er im Flur auf der Konsole?» Wie immer ist sie modisch gekleidet und frisiert, sie hat ein Händchen dafür. Sie neigt den Kopf und lächelt Helene an – es ist ein liebevolles, neckisches Lächeln, und Helene wird es warm ums Herz. Gegen ihren Willen zucken ihre Mundwinkel nach oben. Gertrud kommt noch einmal zurück ins Esszimmer, geht neben Helenes Stuhl in die Hocke – sie ist erst 53 und noch beweglich – und legt ihr die Hand auf den Unterarm. Die großen braunen Augen blicken zu ihr auf. «Am Wochenende machen wir einen Ausflug, versprochen. Ins Umland. Was denkst du?»

Helene schüttelt den Kopf. Wie ist sie nur in diese Rolle der Bittstellerin geraten? «Hör nicht auf eine miesepetrige alte Frau. Die Arbeit geht selbstverständlich vor. Aber einen Sonntagsspaziergang könnten wir vielleicht machen.»

Natürlich ist Gertruds Arbeit wichtig. Helene hat dafür Verständnis, denn auch sie hat ihre eigene Arbeit immer wichtiger genommen als alles andere. Es war eine Jahrhundertaufgabe, deren sie sich da angenommen hat: den Mädchen Zugang zu Bildung, den Frauen Zugang zu den Universitäten zu verschaffen. Als sie damit begann, in den 1880er-Jahren, gab es für Mädchen nicht einmal die Möglichkeit, Abitur zu machen. In den Neunzigerjahren rief Helene hier in Berlin ihre Realkurse in Leben, die den ersten Mädchenjahrgängen Zugang zu Schweizer Universitäten und akademischen Berufsfeldern öffneten. Niemals hätte sie sich in diesen Jahren gestattet, ihr Privatleben an erste Stelle zu setzen.

Nun ist Gertrud Ministerialrätin im Reichsministerium des Inneren und kümmert sich um die gesamte schulische Ausbildung der Jugend von der ersten Klasse an. Neue Schulformen, neue pädagogische Konzepte tun Not. Ein zäher Kampf, der Gertrud nicht viel Zeit lässt.

«Allermindestens einen Spaziergang.» Ihre Freundin richtet sich auf und küsst sie auf die Wange. «Ruh dich aus. Lass dir von Liesel vorlesen.» Und mit diesen Worten ist sie aus der Tür.

Seufzend hebt Helene die Kaffeetasse an den Mund. Auf der gehäkelten Spitzendecke hat Liesel, das Mädchen, einen Korb mit Brotscheiben, Butter und Marmelade abgestellt. Helene bestreicht sich ein Brot. Ihr Blick fällt auf die Zeitung, die neben ihrem Teller liegt, doch sie entscheidet sich dagegen, sie aufzuschlagen.

Ihre Augen gestatten ihr nur noch wenige Lesestunden am Tag. Liest sie länger, beginnen sie fürchterlich zu schmerzen – mit Pech entsteht daraus eine tagelange Migräne, die es zu vermeiden gilt. Diese Krankheit, eine wahre Heimsuchung, begleitet Helene schon seit ihrer Jugend, doch sie ist schlimmer geworden. Schon vor dreißig Jahren hätte sie deswegen beinahe ihre Laufbahn aufgegeben. Damals war sie für einige Zeit außerstande zu arbeiten. Sie stand auf dem Höhepunkt ihres Einflusses, konnte aber nicht mehr unterrichten oder publizieren und war kurz davor, ihre Ämter in den Vorständen des Deutschen Frauenvereins, des Lehrerinnenvereins und in der Redaktion der «Frau» niederzulegen. Obwohl die liebe Dora sie nach Kräften umsorgte und ihr alles abnahm, konnte sie Helene bei ihrer intellektuellen Arbeit für die Frauenbewegung nicht helfen. Sie machten Pläne, gemeinsam von Berlin aufs Land zu ziehen. Helene versuchte sich einzureden, dass die Ruhe eines ländlichen Idylls genau das sei, was sie brauchte, aber sie war vollkommen verzweifelt. Sollte ihr Lebenswerk schon mit Anfang vierzig abgeschlossen sein?

Da trat wie eine Lichtgestalt die damals fünfundzwanzigjährige Gertrud Bäumer in ihr Leben. Sie stellte sich als mögliche Gehilfin vor, man hatte ihr von Helenes gesundheitlicher Situation erzählt. Ja, sie war ehrgeizig und vielleicht ein wenig zu begierig, an Einfluss zu gewinnen, aber sie war von sprühender Intelligenz. Eine Sekretärin konnte Helene nicht gebrauchen, sie hatte jemanden nötig, der ihr vorarbeitete, mit ihr arbeitete. Deswegen gab sie Gertrud ein Referat, um sie zu testen. Das Ergebnis war überwältigend, noch mehr dann alles andere, was folgte. Gertrud gab Helene ihr Leben zurück – um vieles reicher als zuvor. Bald zog die junge Studentin bei ihr und Dora ein.

Dora, die liebe, gute Dora, sie ertrug die Konkurrenz nicht und ging. Es schmerzte Helene, ihre langjährige Freundin so zu verlieren. Auguste Schmidt, ihre Vorstandskollegin im Frauenverein, die Dora auch ins Herz geschlossen hatte, hielt Helene vor, sie solle sich doch nicht mit Kindern abgeben.

Doch Helene mochte auf Gertrud nicht verzichten. Sie hatte den Menschen gefunden, der sie voll und ganz verstand, jeden Gedanken, jeden Plan. Dass sie Gertrud kennengelernt hat, ist vielleicht sogar das unselige Augenleiden wert. Seit fünfundzwanzig Jahren leben sie nun schon zusammen.

Nach außen bilden sie ein Paar, das die weibliche Emanzipation über zwei Generationen hinweg symbolisiert. Helene hat Gertrud als Nachfolgerin aufgebaut, Gertrud Helene zur Ikone gemacht. Ihre Unerschrockenheit und Selbstbestimmung ist vielen ein Ansporn. Die vielen Zuschriften von Frauen, die ihre Wege verfolgen, belegen es.

Inzwischen ist Gertrud im Politischen eine bessere Gefährtin als im Privaten. Es ist nicht von der Hand zu weisen, dass sie sich früher näherstanden. Das war natürlich zu erwarten, Helene ist achtundsiebzig, sie ist keine attraktive Partnerin mehr für eine junge, aktive, kraftstrotzende Frau.

Helene muss Gertrud ihre Freiheit lassen. Leicht fällt es ihr nicht immer, aber das Alter sorgt dafür, dass es leichter wird. Vor fünf Jahren ist die andere Gertrud in ihr Leben getreten, Gertrud von Sanden. Helene mag die andere, trotzdem hätte sie ihre Gertrud lieber für sich. Doch dass diese Freundschaften mit Jüngeren hat, ist eine Kröte, die sie schlucken muss. Der Lohn ist Gertruds Treue, ihre Partnerschaft bis in den Tod.

Helene erhebt sich vom Tisch und geht hinüber ins Arbeitszimmer mit den schweren Bücherschränken an den Wänden. Ihr Entwurf eines Artikels für «Die Frau» liegt auf dem Schreibtisch. Sie wird daran weiterarbeiten, sich Notizen machen und ihn später in die Schreibmaschine diktieren. Da geht hinter ihr eine Tür – mit einem Schwall kalter Luft kommt Liesel herein.

«Frau Lange?» Die Wangen des Mädchens sind von der frischen Luft gerötet. Die junge Schlesierin hat sich neuerdings die Haare auf Kinnlänge abgeschnitten und sieht jetzt äußerst großstädtisch aus. «Ich habe auf dem Rückweg vom Fleischer den Postboten getroffen und den Brief gleich mit hochgenommen.» Sie streckt ihr ein billiges weißes Kuvert entgegen.

«Danke, Liesel.»

«Ich bin dann in der Küche. Habe Rindfleisch gekriegt.» Die Tür fällt hinter ihr ins Schloss.

Helene überfliegt die wenigen Zeilen, und plötzlich kann sie kaum atmen. Sie tritt ans Fenster und stößt einen Fensterflügel auf.

Sehr geehrte Frau Lange,
Ihre alte Freundin Marie Eifert möchte Sie grüßen. Leider war
sie nicht in der Lage, diesen Brief selbst zu verfassen, aber es
ist ihr ein Anliegen, Sie zur Namensgebung der Hamburger
Mädchen-Oberrealschule zu beglückwünschen. Der Zeitungs-
artikel darüber hat sie sehr beschäftigt.
Mit vorzüglicher Hochachtung
Schwester Alma Benedicta

Was soll das bedeuten, Marie war nicht in der Lage, den Brief selbst zu verfassen? Ist sie nun auch körperlich erkrankt? Helene hat Marie seit beinahe vierzig Jahren nicht mehr gesehen. Adelgunde Eifert ist anno 77 gestorben, Carl Maximilian Eifert an Heiligabend 1888. Max hat ihr damals vom Tod seines Vaters geschrieben – sie standen in brieflichem Kontakt, nachdem Helene ihm ihr Büchlein über Schillers philosophische Gedichte geschickt hatte. Marie hatten sie zu dem Zeitpunkt schon in Schussenried untergebracht. Ohne die Pflege ihrer

Mutter war sie wohl unbeherrschbar geworden. Max verlor in seinen Briefen niemals ein Wort über den Zustand seiner Schwester.

Marie denkt an mich. Helenes Herz fühlt sich an wie ein Wackerstein. Sie dachte immer, Marie hätte sie über ihren Kummer ganz vergessen, so wie alles andere auch. Der Kummer hat jedes Gefühl ausgelöscht, leer ist sie gewesen, eine stumpfe Hülle, die wenigen Male, die Helene noch zu Besuch in Eningen gewesen ist. Helene ihrerseits wird Marie niemals vergessen können – die seelenvollen dunklen Augen, das Kitzeln der dicken braunen Haare an ihrem Hals, die weiche Wange auf ihrer Brust.

Helene und ihre Mitstreiterinnen haben so viel erreicht für Mädchen und Frauen – aber es kam zu spät. Zu spät für Marie.

Helene verspürt ein scharfes Stechen in den Augen. Schnell kneift sie sie zusammen, schließt blind den Fensterflügel und tastet sich zurück zum Schreibtischstuhl. Sie lässt sich hineinfallen und den Kopf nach hinten an die Lehne sinken.

Was für ein schönes Jahr sie in Eningen verbracht hat, in diesem lieblichen, sonnigen Tal mit seinen leutseligen Menschen, behütet im Schoß der Pfarrersfamilie. Sie war oft so fröhlich mit dem Mariele und deren Märchen und Sagen, in denen Geister und Feen über die Berge zogen.

Und doch barg dieses Jahr viele bedrückende Erkenntnisse. Verbote, Gebote, die Helene fremd waren und die sie belasteten. Hehre Bildungsziele, die man ihr versagte. Die Vorgabe, zu schweigen und sich selbst zu verleugnen. Das schreckliche Ende jener Monate, das sie seitdem verfolgt.

Das Jahr in Eningen hat ihr bewusst gemacht, dass sie kämpfen muss, um sich Respekt zu verschaffen. Dort wurde ihr klar, wie viel es für sie zu lernen gab, und sie machte sich an die Arbeit. Es war eine Grundlage zu schaffen, auf der Mädchen und Frauen sich mit ihren eigenen Wünschen und Zielen behaupten konnten. Alle Mädchen musste Zugang zu Bildung bekommen, damit nicht ein einziger Fehler sie für immer aus der Bahn werfen konnte.

Es war das Jahr in Eningen, das Helene zur Frauenrechtlerin gemacht hat.

HELENE

Eningen
Herbst 1864

Als sie die Äpfel für den Kuchen in den Korb gepflückt hatte, verspürte Helene nicht die geringste Lust, schon wieder ins Pfarrhaus zurückzukehren, das voller Menschen war. In der Küche ging es samstags zu wie im Taubenschlag, und weil heute noch mehr Gäste erwartet wurden, mussten alle Zimmer hergerichtet werden. Jeden Tag stellten sich zahlreiche Nachbarinnen ein, die bei einem Kaffee der Aufmerksamkeit der Pfarrersfrau bedurften. Noch nie in ihrem Leben hatte Helene Leute so viel Kaffee trinken sehen. Am Wochenende kamen stets zahlreiche entfernte Verwandte dazu, Onkel und Basen, Nichten und Neffen zweiten und dritten Grades. Der Stuttgarter Dekan hatte gegenwärtig in Eningen zu tun und weilte mit seiner Gattin zu Besuch, die sich einen Ableger des hübschen Nelkenstöckchens im Hof wünschte. Die anderen norddeutschen Mädchen eilten zum Gesangsverein und fragten nach den Noten, Richard kam und beklagte ein Loch im Strumpf, Helferinnen vom Armenverein erkundigten sich, ob Mehl entbehrt werden könne, die Gattin von Doktor Lotterer bat im Namen ihres Mannes, man möge doch Luise Kittels sechs Kinder verpflegen, da die Mutter erkrankt sei.

Das Durcheinander konterkarierte die Maxime, die zu Helenes Irritation über Maries Bett hing: «Ein Weib lerne in der Stille mit aller Untertänigkeit. 1. Tim 2.» Von Stille konnte in diesem Haus tatsächlich keine Rede sein. Die arme Marie war, während ihre Mutter jedermanns Begehr stillte, dazu verdammt, im Hintergrund die wahre Arbeit zu tun. Sie backte, schickte die Magd auf Besorgungen, sie trug Stapel von Wäsche umher, holte Eingemachtes aus dem Keller, erntete im Garten, half dem zehnjährigen Richard bei seinen Exerzitien und setzte die Magd ans Kartoffelschälen. Selten nur gesellte sie sich auf eine Tasse Kaffee zur Tante und den Gästen. Helene bemühte sich, ihr zur Hand zu gehen, war aber nur in begrenztem Maße nützlich und erntete oft feinen Spott. «Aber Lenchen!», sagte Marie dann leicht vorwurfsvoll mit ihrer sanften, musikalischen Stimme, «Doch nicht so!» Außer ihr, war Helene aufgefallen, schien niemand mit Marie zu sprechen, sie war wie ein guter Geist, den man gar nicht bemerkte. Helene ärgerte sich, dass sie selbst so wenig hilfreich war, und nahm sich vor, in der Küche noch mehr Acht zu geben und schneller zu lernen.

Der Samstag im Pfarrhaus sei «ein herber Durchgang zur Ruhe des Sonntags», hatte Ottilie Wildermuth in dem amüsanten Büchlein geschrieben, das die Tante ihr geliehen hatte, und das traf exakt Helenes Empfinden. Den hausfraulichen Tätigkeiten, die sich samstags häuften, konnte sie einfach nichts abgewinnen, sosehr sie es auch versuchte. Vater hatte gewollt, dass sie es darin zu leidlichem Können brachte, deswegen bemühte sie sich redlich. Trotzdem leuchtete ihr nicht recht ein, dass diese Dinge nun den Inhalt ihrer Ausbildung darstellen sollten.

An den Wochentagen war mehr Zeit für anderes. Wenn es ruhig und unbelagert von Gästen war, liebte Helene das hohe weiße Pfarrhaus und seinen idyllischen Garten hinter der Mauer. Dort unter der Buche saß sie nun oft mit ihrer Geschichte der Religionen, die sie durcharbeitete und fleißig exzerpierte. Vikar Pfleiderer hatte ihren Wissensdurst bemerkt und ihr das dicke Buch gegeben. Er hatte stets ein offenes Ohr für sie und ihre philosophischen Fragen. Ein Freund ihres Bruders Otto, der in Oldenburg oft zu Besuch in der Achternstraße gewesen war, bezeichnete sich als «Atheist» und hielt jede Religion für obsolet. Der moderne Materialismus habe bewiesen, dass es Gott nicht geben könne, hatte er behauptet und Helene in einige Zweifel gestürzt. Seit Mutters und nun auch Vaters Tod spürte sie jedoch, dass ihr Herz an einer Frömmigkeit festhielt, die sich dem Geist nicht unbedingt erschloss. Selbstverständlich ging sie davon aus, dass Vater in den ewigen Frieden des Herrn eingegangen war – es war zu schmerzhaft, etwas anderes überhaupt zu erwägen. Durch ein vertieftes Studium der Religionen hoffte sie, ihren eigenen Kinderglauben rechtfertigen zu können.

Größeren Seelenfrieden als ihre Lektüreexzerpte brachte ihr jedoch die beispielhafte Frömmigkeit der Tante, die morgens und abends mit ihnen betete. «Du musst jeden Tag einen stillen Augenblick finden, dein Herz zu sammeln zur Einkehr bei dir selbst und bei Gott», sagte sie zu Helene. «Wenn du Seine Liebe und Nähe ganz unmittelbar spürst, wird dir alles leicht, mein Kind.» In Helenes Elternhaus hatten sie christliche Rituale eher sachlich und knapp gehandhabt. Die Spiritualität und religiöse Praxis ihrer Gastfamilie beeindruckten sie.

Pfarrer Eifert verbrachte wochentags lange Stunden in seinem Amtszimmer und arbeitete an einem Führer durch die freie Reichsstadt Reutlingen – Helene wusste gar nicht genau, wie viele Bücher er zuvor schon geschrieben hatte, aber es waren einige. In Oldenburg kannte sie niemanden, der Bücher schrieb oder mit Leuten verkehrte, die Bücher schrieben – ganz zu schweigen von Dichterfürsten wie Ludwig Uhland, mit dem der Onkel bekannt war. Sie hatte das Gefühl, hier in eine Welt einzutauchen, nach der sie sich, ohne sich dessen bewusst zu sein, immer gesehnt hatte.

Sie war allein auf der Welt und wusste, Vater hätte erwartet, dass sie zurechtkäme. Er akzeptierte keine Schwäche. Sie musste ihrem Leben auf eigene Faust eine Form geben. Sie blickte die Achalm hinauf, die sich über den Obstgärten der Eninger mit ihren verfallenden Holzhütten, dem struppigen Gebüsch und den krüppeligen, aber reich tragenden Obstbäumen erhob. Dem Gedicht von Uhland zufolge hieß der Berg so, weil ein sterbender Ritter, der «Ach, Allmächtiger!» hatte rufen wollen, nur bis zu «Ach, Alm ...» gekommen war, bevor er sein Leben ausgehaucht hatte. Kürzlich hatten sie einen Sonntagsspaziergang hinauf zur Burgruine gemacht, neben der noch ein hoher Turm mit gewaltiger Wetterfahne stand. Der Ausblick hatte es Helene angetan. Man sah, wie der Onkel ihr nicht ohne Stolz zeigte, in aller Deutlichkeit das Tübinger Schloss, Schloss Lichtenstein, die ganze bewaldete Kette der Alb mit Hohenneuffen, Rechberg und Hohenstaufen, unten am Fuß der Achalm das mittelalterlich anmutende Reutlingen. Und in der grünen, malerischen Einsattlung zwischen Achalm und Alb lag friedlich Eningen und verhieß, ein Ort der Ordnung und Einkehr zu sein.

Diesen Anblick wollte sie noch einmal genießen. Sie musste ja nicht ganz hinaufsteigen, es reichte, auf halbe Höhe zu kommen, das würde nicht länger dauern als zehn Minuten. Sie machte sich mit großen Schritten an den Aufstieg, achtete dabei nicht auf Wege, sondern stieg steil über die Wiese bergan. Als sie sich nach einer Weile schwer atmend umdrehte, blieb ihr beinahe das Herz stehen. Keine fünfzig Meter unter ihr schlenderte gemächlich der Onkel im braunen Rock vorbei, die

Hände hinter dem Rücken verschränkt. Er ging wohl zu seinem Lieblingsort, einem Grasacker auf der oberen Wenge mit schönem Rundumblick auf die Berge und auf Reutlingen. Er liebte diesen Ort, hatte sogar einen Antrag an die Gemeinde gestellt, ihn kaufen zu dürfen, und wartete mit Spannung auf das Ergebnis. Dort pflegte er im Geiste seine Sonntagspredigten zu entwerfen, und genau damit schien er gerade beschäftigt zu sein.

Schnell ging Helene hinter einem Busch in Deckung. Er würde nicht gutheißen, dass ein Mädchen, das zum Kuchenbacken eingeteilt war, hier der Muße frönte. Die Muße sei Geistesmenschen vorbehalten, hatte er beim Essen einmal tadelnd zu Marie gesagt, denn dort sei sie fruchtbar. Da es sich bei Geistesmenschen nach seinem Verständnis zwangsläufig um Männer handelte, hatte Helene von seiner Seite mit wenig Nachsicht zu rechnen.

Plötzlich ließ sie ein harter Stoß in die Kniekehlen nach vorn auf die Knie fallen. Vor lauter Schreck hätte sie beinahe aufgeschrien. Der Korb war ihr aus der Hand gerutscht, und die Äpfel kullerten heraus, manche halb den Abhang hinunter. Wutentbrannt drehte Helene sich um und erblickte nur wenige Zentimeter vor ihrer Nase das Gesicht eines voluminösen Schafs, das nun beruhigend blökte, als wollte es sagen: «Nichts für ungut!» Dann senkte es den Kopf und biss genüsslich in einen Apfel, der ihm direkt vor die Beine gerollt war.

Helene rappelte sich auf und sah auf das zufrieden kauende Tier hinab.

«Ja, Kädder, do bisch jo, was machsch du au scho wieder! Ab mit dir!»

Ein Schäfer eilte mit großen Schritten auf sie zu. Er versetzte dem Schaf mit seinem Stock einen Klaps auf das wollige Hinterteil, woraufhin das Tier laut blökte und sich in Bewegung setzte. Offenbar gehörten die beiden zur Schäferei des württembergischen Königs, die auf halber Höhe über den Weinbergen auf der Achalm angesiedelt war. Ich muss unbedingt endlich Schwäbisch lernen, dachte Helene. Vier Wochen, und es klingt in meinen Ohren immer noch wie Chinesisch!

«Entschuldigung, Fräulein. Die Kädder isch schlau, aber frech.»

«Kädder?», fragte sie verwirrt.

Ein belustigter Ausdruck erschien auf dem wettergegerbten Gesicht. «Kädder wie Katharina. Das Schaf.»

«Ah.» Helene nickte und half dem Mann, die Äpfel wieder einzusammeln.

«Aber anders als ihre Namenspatronin ist sie keine Märtyrerin. Die sorgt schon für ihr leibliches Wohl. Nichts für ungut.» Er stützte sich auf seinen Stock und ließ den Blick schweifen. «Schauen Sie, die Urschel zieht wieder über den Berg.»

Überrascht richtete sich Helene auf und folgte seiner ausgestreckten Hand. «Wer?»

«Die Urschel. Unser verwunschenes Frauenzimmer im weißen Gewand. Da drüben.» Auf der anderen Talseite, auf der sich die Alb erhob, hing vor dem dunklen Wald ein Nebelfetzen. Er schwebte wie ein länglicher Bausch in der Luft, und man konnte ihn mit etwas Vorstellungskraft tatsächlich für ein im Wind flatterndes, dünnes Gewand halten. Helene wollte gerade fragen, was es mit dieser Urschel auf sich habe, da setzte der Mann etwas Unverständliches hinzu und schloss mit den Worten: «Ich empfehle mich.» Dabei tippte er sich an den breitkrempigen Hut, verbeugte sich leicht und ging hinter seinem Schaf her.

Unten im Dorf schlug die Kirchenuhr elfmal. Schon beinahe Mittag! Seufzend machte sich Helene an den Abstieg.

Unter Maries Aufsicht, die das Spätzlesbrett bearbeitete, stellte Helene einen passablen Apfelkuchen her, dann gab es Essen. Als alle um den Tisch saßen und der Pfarrer das Gebet gesprochen hatte – es war dabei so still gewesen, man hätte eine Nadel fallen hören –, begannen Alwine und Friederike nach einer Anstandspause, von der Chorprobe zu berichten. Sie waren aufgeregt, denn sie hatten ein Anliegen: Daniel Sautter, der Nachbarssohn, hatte sie zur Karz eingeladen. Das sei im Dorf ganz üblich, habe er gesagt, es würden einige Jungen und Mädchen kommen, man wolle Spiele spielen. Ob sie alle vier hindürften.

Marie senkte den Blick, ihr Vater räusperte sich. «Es ist eine Unsitte», setzte er an. «Ich bemühe mich seit Jahren, diesen alten Brauch zu unterbinden, er leistet allen möglichen Frivolitäten Vorschub. Dem Schuh-Schieben zum Beispiel, bei dem ein Schuh *unter* den Röcken weitergegeben wird und die Jungen versuchen, ihn zu finden! Man stelle sich das nur vor. Die Jugend sollte sich nicht unbeaufsichtigt treffen, Mädchen gehören abends ins Haus. Als der Herr Abraham fragte: ‹Wo ist dein Weib Sara?›, antwortete dieser: ‹Drinnen in der Hütte.›»

«Wir wollen doch nur …»

«Ihr Mädchen werdet auf lange Sicht froher werden, wenn ihr Gefahren und Versuchungen meidet.»

Alwine sah aus, als wäre alle Luft aus ihr entwichen. «Aber …», setzte sie erneut an. Die Tante schüttelte mahnend den Kopf. Dass des Onkels Wort im Haus Gesetz war, ließ sich nicht ändern, und so hielt Alwine den Mund. Helene war beinahe ebenso enttäuscht wie sie. Sie hätte die Dorfjugend gerne kennengelernt, mit der sie wenig Kontakt hatten.

«Aber der Max kommt ja später mit dem Ludwig nach Hause», fügte der Onkel hinzu. «Was haltet ihr davon, wenn wir heute bei dem guten Wetter wieder einmal ein Mondscheinkränzchen veranstalten. Der Pfleiderer spricht ein schönes Gebet», er nickte seinem Vikar zu, «und Mariele, du darfst ein Märchen vortragen.»

«Oh, die Studenten kommen!» Alwine wirkte versöhnt, und die Tante wechselte einen Blick mit Marie, der ihrer Tochter deutlich Arbeitsaufträge ankündigte. «Dann haben wir ja jetzt auch etwas, worauf wir uns freuen können», sagte sie. «Ich muss gleich zur Sitzung vom Frauenverein, aber Alwine und Friederike, ihr dürft ein paar Blumenkränze binden, mit denen wir den Garten schmücken wollen, und Helene und Marie, ihr packt bitte einen Korb mit Brot, Butter, Käse und Äpfeln und besucht die Kittels.» Sie sah ihren Mann an. «Der Christian Kittel ist gleich nach dem Congress wieder aufgebrochen und hat seine Frau mit den sechs Kindern alleingelassen. Sie hat das Wochenbett nicht gut überstanden, nun ist sie ernstlich krank geworden. Die Rike Lotterer hat mir gesagt, er hat ihr wieder einmal kaum Geld dagelassen und sie weiß nicht, womit sie die Kinder versorgen soll.»

«Näht sie nicht Hemden?», fragte Richard.

«Ja, für eine Reutlinger Firma», gab Marie zurück. «Aber das kann sie doch nicht, wenn sie krank ist!»

Der Onkel schüttelte den Kopf. «Der Landhandel ernährt die Leute nicht mehr, und es ist nicht gut, wenn die Männer immerzu unterwegs sind. Aber die Dickköpfe hier im Dorf wollen sich keine sesshafte Arbeit suchen. Die meisten können nicht schnell genug konfirmiert sein, dann laufen sie sofort mit ihren Krätzen auf dem Buckel los und glauben, sie könnten mit ihren Kalendern und Stofffetzen auf der Straße ein Vermögen machen.»

Pfleiderer nickte. «Es sterben zu viele Neugeborene. Selbst

auf der Alb, in noch ärmeren Gemeinden, sind es weniger. Man kommt nicht umhin, einen Zusammenhang zu sehen.»

«Was hat die Kittel denn?», fragte der Onkel.

Die Tante bedeutete ihm mit einer leichten Kopfbewegung die Anstößigkeit seiner Frage. «Eine Entzündung», sagte sie nur.

Nachdem die Mädchen sich gemeinsam um den Abwasch gekümmert hatten, machten sich Helene und Marie mit einem Henkelkorb auf den Weg. Helene war bester Dinge. Endlich würden Max und Ludwig wieder zu Besuch kommen! Sie waren seit der Kirschenernte im Sommer nur ein weiteres Mal hier gewesen, und wie versprochen hatte Max mit ihr zusammen Schiller gelesen, allerdings nicht den ‹Don Carlos›. Das Stück sei zu politisch, hatte er befunden. Und politische Betätigung sei Frauen untersagt, da wolle er sich nicht in die Nesseln setzen.

Helene war fasziniert, wie viel Max über Schillers Gedichte zu sagen wusste, und hätte endlos weiterfragen können. Sie hatten viel zusammen gelacht. Hinterher hatte Helene beschlossen, sich die Schillerausgabe des Onkels zu erbitten und die Stücke auf eigene Faust zu lesen. Max hatte ihr seitdem einige Briefe in sein Wäschekistle gelegt, das alle zehn Tage eintraf, und sie darum gebeten, in der Schillerausgabe seines Vaters für ihn nach Zitaten zu suchen. Sie kam diesen Aufträgen liebend gern und mit Feuereifer nach.

Marie hatte sich beim letzten Besuch der Studenten nicht an der gemeinsamen Lektüre beteiligt, sondern mit Ludwig ein Stück abseits unter der Buche gesessen. Trotz ihrer üblichen Schweigsamkeit hatte sie nicht den Anschein erweckt, sich zu langweilen. Dabei hatte Ludwig, der Helene etwas spießbürgerlich vorkam, mit solch feurigem Ernst auf sie eingeredet, als wollte er sie zum lieben Gott bekehren. Viel zu früh hatte der Onkel die beiden jungen Männer mit ins Wirtshaus genommen.

«Freust du dich schon auf Ludwig?», fragte Helene nun.

Marie wurde rot. Sie sah aus, als wollte sie sich am liebsten in Luft auflösen. «Ja. Aber ein bisschen Angst habe ich auch.»

«Warum denn Angst?»

Marie strich sich eine Strähne ihres herrlichen dunklen Haars aus dem Gesicht. «Vielleicht mag er mich nicht mehr. Ich weiß nie, was ich mit ihm reden soll.»

Helene blieb stehen. Marie hatte offenbar nicht die geringste Ahnung von ihrer eigenen Attraktivität. Sie war keine klassische Schönheit, aber ihre seelenvollen Augen mit den dichten Wimpern, die geschwungenen Lippen, ihre zierliche Figur verliehen ihr einen ganz eigenen Liebreiz. «Aber magst du *ihn* denn? Das ist doch die viel wichtigere Frage.»

Marie starrte zu Boden. «Ich glaube. Ja. Doch, schon.»

«Wenn er dich nicht mögen würde, hätte er dir doch beim letzten Mal nicht den ganzen Nachmittag lang seine Biografie vorgebetet.»

«Er hat alle seine Geschwister verloren, weißt du. Deswegen ist er so tief mit Gott verbunden.»

War er das? Helene kam der junge Mann reichlich eitel vor. Dieser geckenhafte blaue Rock! Und dann kam jede seiner Äußerungen so gewichtig daher, als glaubte er, seine Umwelt müsste seine Weisheiten beglückt aufsaugen. Aber was wusste sie schon? «Das verbindet euch doch, oder nicht?»

«So sagt er es jedenfalls.»

«Ich finde, es macht den Anschein, als könnte er …»

«Lass uns nicht darüber sprechen», bat Marie. «Wenn man darüber spricht, hört es auf, wahr zu sein.»

Helene lachte. «Seine Gefühle sind doch kein Zauber, der sich auflöst, wenn man ihren Bann bricht.»

«Doch.» Marie blickte sie ernst an. «Bestimmt. So fühlt es sich an.»

Das kam Helene fragwürdig vor, aber sie wollte ihre neue Freundin nicht in Verlegenheit bringen und wechselte das Thema. «Max ist so gebildet», sagte sie versonnen.

«Gewiss. Dafür hat Vater gesorgt. Richard wird später ebenfalls studieren.»

«So viele der Männer, die bei euch ein und aus gehen, sind Gelehrte. Die sprechen über Dinge, von denen ich noch nie gehört habe. Ich wünschte, wir könnten von ihnen lernen.»

«Aber wir müssen nicht alles von dem verstehen, was sie sagen. Ein wenig reicht.»

«Ich will aber nicht nur ein wenig verstehen, ich will mich auch austauschen. Ich will selbst in der Lage sein, etwas beizutragen.»

Marie sah sie erschrocken an. «Aber das darfst du doch ohnehin nicht! Du sollst dich nicht einmischen, wenn die Männer diskutieren. Es gehört sich nicht, und sie wollen uns auch nicht dabeihaben.»

Helene runzelte die Stirn. Ja, sie hatte schon begriffen, dass man hier nicht erwünscht war mit seinen Ansichten, und sie musste lernen, sich daran zu halten, auch wenn es ihr nicht einleuchtete. Wie sollte sie ein Teil der Gemeinschaft sein, wenn sie nicht sprechen durfte? Zu Hause hatte sie in Anwesenheit der Männer frei gesprochen und den Brüdern stets Paroli geboten. Sie war ja nicht auf den Mund gefallen.

Doch bevor sie eine diplomatische Entgegnung formuliert

hatte, beugte sich Marie bereits zu einem Mädchen im Volksschulalter herunter, das ihnen auf der schmutzigen Gasse entgegengelaufen kam, in die sie abgebogen waren. Die Eninger Hauptstraße, an der die Kirche und das Pfarrhaus einander gegenüberstanden, in Nachbarschaft zum stattlichen Gasthof zur Traube und dem mit Erkertürmchen verzierten Arzthaus, war gepflastert und mit Seitenkanälen trockengelegt. Hier jedoch, im ärmlichen Teil des Ortes, stand der Unrat in Lachen auf dem schlammigen Weg. Eine Schar Gänse platschte soeben vor Helene durch eine Pfütze, und sie machte instinktiv einen Schritt rückwärts. Nun bemerkte sie auch die ärmlichen Häuser, ziegelgedeckt, zweistöckig und baufällig, mit großen Misthaufen vor den Türen und hölzernen Treppen, die von außen in den ersten Stock hinaufführten. Unten hausten die Tiere, deren Scharren, Quieken, Schnauben und Blöken deutlich zu hören war. Der Geruch in dieser Gasse war unsäglich.

Marie folgte dem Mädchen, das in seinem schmutzigen Kittel und mit den verfilzten Haaren verwahrlost aussah, eine der Holztreppen hinauf. Vorsichtig stieg Helene ihr hinterher, denn die knarrende Konstruktion schwankte bedenklich. Sie betraten einen weiß getünchten, niedrigen Raum, in dessen Mitte ein großer Tisch stand. Vor dem Herd saßen zwei Kleinkinder und spielten mit schmuddeligen Stoffpuppen. Ein noch kleineres Kind kauerte auf dem Bett an der Wand und hatte sich den Daumen in den Mund gesteckt. Im Raum roch es modrig.

Marie stellte den Korb auf dem Tisch ab. «Agnes, lauf und hol deinen großen Bruder. Wir haben etwas zu essen für euch.»

Das zerzauste Mädchen verschwand nach draußen. Marie ging zum Bett und nahm das Einjährige auf den Arm, das sofort zu weinen begann. Sie wiegte es sanft, nahm ein Brot aus dem Korb und sah Helene an.

«Geh du hinein und sieh nach der Kittlerin.» Sie deutete mit dem Kopf auf eine Holztür, die offenbar zum Schlafzimmer führte.

Helene füllte beklommen einen Becher mit Wasser aus dem Krug auf dem Tisch. Solche Armut hatte sie noch nie mit eigenen Augen gesehen. In Oldenburg hatte sie ein sorgloses Leben unter Bürgerskindern geführt. Sie hatte keine Ahnung, wie sie mit einer Frau sprechen sollte, die unter solch elenden Bedingungen lebte.

Als sie das Schlafzimmer betreten und die Tür hinter sich geschlossen hatte, erblickte sie zuerst nur wolkenhohes Bettzeug in einem Doppelbett. Erst, als sie dieses umrundet hatte, sah sie die Frau, die sie offensichtlich gerade geweckt hatte. Luise Kittel war höchstens zehn Jahre älter als Helene selbst. Ihr Gesicht war gerötet und schweißnass.

«Wie geht es Ihnen?» Helene zog sich den Holzstuhl heran und setzte sich so, dass die Frau sie ohne Mühe ansehen konnte. «Ich bin Helene Lange aus dem Pfarrhaus. Wir sind gekommen, um Ihnen und den Kindern Essen zu bringen.»

«Des isch gut.» Die Stimme der Frau klang rau. Helene hielt ihr den Becher mit Wasser hin, und sie richtete sich auf, trank ein paar Schlucke und sank ermattet ins Kissen zurück. «Ich kann sie nicht versorgen. Das Kleine wird bald erlöst sein.»

Erst da gewahrte Helene den Säugling, der mit geballten Fäustchen unter der Decke der Mutter lag. Seine Haut war durchscheinend weiß, beinahe bläulich.

«Wann kommt Ihr Mann zurück?», fragte Helene, bemüht, ihr Entsetzen zu verbergen.

Luise Kittel stieß etwas aus, das mehr einem Husten ähnelte

als einem Lachen. «Na, im Dezember. Zum nächsten Congress. Er kommt nur, um neue Waren zu kaufen, wie alle Händler.»

«Haben Sie Verwandtschaft im Ort?»

«Meine Mutter. Aber sie ist alt und sehr krank.» Luise Kittel wandte den Kopf ab. Eine lange dunkle Strähne fiel ihr über die Augen. Helene zögerte einen Moment, dann beugte sie sich vor und strich sie ihr aus der glühenden Stirn. Dabei bemerkte sie die nasse Schläfe der Frau. Waren es Tränen?

«Wie können wir helfen?», fragte sie leise.

«Ich brauche nicht viel.» Die Frau wandte ihr den Kopf wieder zu. «Aber meine Kinder. Sagen Sie dem Frauenverein, dass man sich kümmern muss. Sie sollen ins Armenspital. Dort und in der Schule kann man sie versorgen.» Sie hielt inne, um Luft zu schöpfen. «Wenn mein Mann kommt – er soll nicht alles versaufen. Er soll für den Unterhalt der Kinder zahlen. Sie dürfen nicht als Bettler enden.»

«Hat er Ihnen denn kein Geld hiergelassen? Können Sie etwas verkaufen, um für die Pflege aufzukommen?»

Luise Kittel schüttelte den Kopf. «Ich darf nichts verkaufen. Das kann nur der Mann.»

Helene war fassungslos. Wenn eine Frau so unglücklich war, einen verantwortungslosen Mann geheiratet zu haben, war sie also zum Elend verdammt? Gab es für sie denn keine Möglichkeit, sich aus eigener Kraft daraus zu befreien?

«Sie sind Näherin, habe ich gehört?», fragte sie.

«Ich nähe für einen Leinwandhändler Kinderhäubchen und Röckchen. Gelernt hab ich es nicht. Aber nach zehn Jahren weiß man, wie es geht. Bringt nur ein paar Heller ein. Zu wenig zum Leben, zu viel zum Sterben.»

Helene nickte. «Jetzt müssen Sie sich jedenfalls ausruhen. Möchten Sie etwas essen?»

Luise Kittel schüttelte den Kopf. «Der Frauenverein bringt mir Suppe. Gehen Sie zu den Kindern. Sie haben Hunger und müssen gewickelt und gewaschen werden. Rudolf arbeitet, er hat keine Zeit.»

«Rudolf ist Ihr Sohn?»

Ein schwaches Nicken. «Er ist ein guter Junge.» Die Lider der Frau wurden schwer, fielen zu. «Danke», sagte sie.

Zum Kaffee waren sie wieder zu Hause. Der Apfelkuchen wurde nicht beanstandet, Max und Ludwig waren eingetroffen, die Unterhaltung am Tisch war angeregt, doch Helene blieb schweigsam. Sie konnte das Erlebte nicht abschütteln.

Die Frau kümmerte sich um das Haus und die Kinder, der Mann richtete seine Kraft nach außen, so war es von jeher gewesen. Doch Luise Kittels Situation machte ihr schmerzlich bewusst, dass selbst der häusliche Bereich in dieser Welt, über die allein Männer herrschten, von der Gnade des Mannes abhing. Eine Frau war ihrem Mann gleichzeitig verpflichtet und ausgeliefert, umgekehrt galt beides nicht. Luise Kittel konnte, bevor sie im Dienst der Mutterschaft starb, alleine nicht einmal für ihre Kinder sorgen.

Helene trank geistesabwesend einen Schluck von dem bitteren Kaffee. Sie selbst musste ein solches Schicksal um jeden Preis vermeiden, denn sie hatte keine Eltern mehr, die sie unterstützen könnten, falls Helene sich bei der Gattenwahl vertat. Überhaupt stand ihr der Sinn nicht nach ehelicher Unterordnung. Doch was, wenn sie nicht heiratete? Womit würde sie ein Auskommen erwirtschaften können, wenn es für weibliche Tätigkeiten nur ein paar Heller gab? Ihr Erbe würde nicht lange reichen.

Sie stocherte in ihrem Kuchen, brütete und bekam nur am

Rande mit, wovon das Gespräch handelte. Pfleiderer schien dabei förmlich aufzuleben, er hatte großes Interesse an philosophischen Fragen und würde sicher eines Tages an die Universität zurückkehren. Gerade schien es um moderne Wissenschaft und «Materialismus» zu gehen, ein Thema also, das Helene schon in Oldenburg im Kreis ihrer Brüder und deren Freunde beschäftigt hatte. Man müsse sich vom Materialismus nicht kopfscheu machen lassen, erläuterte Vikar Pfleiderer gerade.

«Unser christlicher Glaube steht dadurch nicht in Zweifel. Das ist das Einzige, was ihr davon verstehen müsst», folgerte der Onkel mit einem Nicken in Richtung der Mädchen. Er stieß eine gewaltige Rauchwolke aus und erhob sich. «‹Welt des Geistes›, ‹Welt der Natur› – dieses Gespräch ist wirklich nicht für weibliche Ohren bestimmt, Pfleiderer. Wir gehen ins Wirtshaus und sind zum Mondscheinkränzchen wieder hier.»

Die anderen Männer erhoben sich ebenfalls, Ludwig mit einem bedauernden Blick auf Marie, und ließen sich vom Onkel fortführen. Die Frauen räumten die Teller und Tassen ab, und auch Helene trug eine leere Kuchenplatte hinunter in die Küche. Dort griff sie nach einem Trockentuch und wandte sich zu der Pfarrersfrau um, die gerade einen Tellerstapel neben der Spüle abstellte. «Tante, warum lasst ihr euch das nur gefallen?», fragte sie. «Dass sie sich und ihr Wissen so abschotten? Wir verstehen doch viel mehr!»

Die Tante lachte herzlich. «Lass sie das bloß nicht hören, Kind!»

«Der Onkel meint vielleicht, wir würden in zwei verschiedenen Welten leben. Aber so ist es doch nicht.»

«Die Männer haben ihr Reich, wir haben unseres. Ein friedlicheres, gefühlvolleres Reich.» Beim Anblick von Helenes

Gesicht lachte sie erneut auf, dann kniff sie ihr liebevoll in die Wange und wandte sich der Pfarrmagd zu, die den Weckenteig für den Abend knetete.

Diese reckte den Kopf und blickte über die Schulter der Tante Helene an. «A scheene Frau wär domm, wenn se au no g'scheit wär!», sagte sie freundlich. Die anderen Mädchen lachten.

Die düsteren Erfahrungen des Nachmittags tauchten die lichte Eninger Welt für Helene in Schatten. Sie hatte einen Blick auf die eisernen Regeln erhaschen können, die überall galten – ganz ungeachtet des freundlichen Umgangs, den hier im Haus alle miteinander pflegten. Das Reich der Frauen war arm. Den Reichtum beanspruchten die Männer für sich, den materiellen wie den geistigen. Man gestattete den Frauen zwar, sich um die Kranken und Armen zu kümmern – aber man tat nichts, um eine Frau wie Luise Kittel in einen Zustand zu versetzen, in dem sie sich selbst helfen konnte. Das würde man auch für Helene nicht tun, nicht einmal für Marie. Sie sollten abhängig bleiben, nicht zu viel fragen, nicht zu viel wissen. Deshalb wurden die interessanten Gespräche in Abwesenheit der Frauen geführt. Helene sollte hier zu einem Mädchen ausgebildet werden, wie die Bewohner dieses Männerreichs es sich wünschten. Das verstand sie jetzt.

Sie konnte nicht glauben, dass ihr eigener Vater das gewollt hätte. Er hatte Helene immer ernst genommen, genauso ernst wie die Brüder. Vielleicht hatte er sie weniger mit geschäftlichem Wissen belastet, denn Otto hatte er wohl gelegentlich in sein Kontor zitiert. Doch beim Wettdichten auf Wanderungen war er stolz gewesen, wenn Helene sich wacker schlug, beim Schachspiel hatte er sich über kluge Züge von ihr gefreut, und er hatte ihre Meinung geschätzt. Vielleicht lag es daran, dass er Witwer gewesen war und eine Tochter nicht anders zu behandeln gewusst hatte als Söhne. Helene hatte sich immer nach einer Mutter gesehnt, doch nun wurde ihr klar, dass ihr womöglich manche Freiheit nicht vergönnt gewesen wäre, wenn sie früher an eine weibliche Kandare genommen worden wäre. Dann hätte es auch für sie nur einen Platz im «Reich der Frauen» gegeben.

Helene strich sich über das Gesicht. Ihre Augen waren gereizt. Vermutlich lag es an der modrigen Luft der Kittel'schen Wohnung, dass sie sich so eigenartig rau anfühlten. Hinter ihrer Stirn spürte sie ein leichtes Pochen. Sie entschuldigte sich mit Kopfschmerzen, um auszuruhen und auf andere Gedanken zu kommen.

Am frühen Abend kam auch Marie ins Zimmer. Sie kniete sich vor ihr Bett und zog darunter eine Schachtel hervor – «mein Schatzkäschtle», sagte sie und warf einen vielsagenden Blick über die Schulter. Neugierig richtete sich Helene auf und spähte hinüber.

In der Kiste befanden sich neben mehreren Kalendern vier dicke Bücher – die Grimm'schen Märchen, die Hauff'schen Märchen, außerdem «Urania – Frauentaschenbuch auf das Jahr 1823». «Die habe ich als Kind geschenkt bekommen, es sind meine eigenen», sagte Marie stolz. Sie nahm «Die Neckarseite der Schwäbischen Alb» von Gustav Schwab heraus und schlug das Buch auf.

«Was suchst du?»

«Du hast mich heute Vormittag doch nach der Urschel gefragt.» Marie blickte auf. «Ich wollte die Geschichte noch einmal nachlesen und sie später bei unserem Mondscheinkränzchen erzählen.»

«Wie lieb von dir!» Helene musterte Marie nachdenklich, die mit roten Wangen und seligem Gesichtsausdruck in dem dicken Buch blätterte. «Du liebst Sagen und Märchen, nicht wahr?»

«Oh, ja. Ich mag es, wenn mir jemand etwas erzählt, und ich erzähle auch selbst gern. In meinem Kopf sind so viele Geschichten. Ich bin eben ein bisschen spinnert.» Marie ließ das Buch sinken und hob verlegen die Schultern. «Es hat natürlich keinen Wert.»

«Wenn das stimmen würde, hätten aber viele Dichter ihre Zeit vertan.»

Maries Gesicht verschloss sich. «Ich bin ja kein Dichter.» Sie senkte den Kopf und begann zu lesen. Um sie nicht zu stören, verließ Helene das Zimmer und gesellte sich zur Tante, die in der Stube auf dem Fenstertritt vor einem turmhohen Stapel von Stopfwäsche saß und mit Pfleiderer plauderte.

Das Mondscheinkränzchen begann nach dem Abendessen mit einer Andacht unter der mit Kränzen geschmückten Buche im hinteren Garten. Da die Dämmerung bereits vorangeschritten war, wurden danach Kerzen angezündet. Man schenkte Saft und Wein aus, und alle setzten sich auf Decken. Nun war es an der Jugend, den Abend zu gestalten. Alwine griff zur Laute. Sie nickte Friederike zu, und die beiden stimmten mit schmachtenden Stimmen ein Duett an. «Einsam bin ich nicht alleine», sangen sie voller Inbrunst, wobei Friederike die Augen so sehr zum Himmel verdrehte, dass nur noch das Weiße darin zu sehen war, und Alwine die ihren halb schloss, durch ihre Wimpern hindurch allerdings Ludwig anblinzelte.

«Gnnnn» hörte Helene plötzlich neben sich, und als sie sich zu Max umwandte, stieß er noch ein keuchendes «Hhhö» aus, bevor er sich mit der Hand über den Mund fuhr. Er war puterrot angelaufen, und seine Schultern bebten. Hastig sog Helene die Mundwinkel ein und biss sich auf die zuckende Unterlippe. Sie konnte nicht anders, als immer wieder zu Max hinüberzusehen, der seinen Lachanfall heroisch zu beherrschen suchte, und ihr selbst stiegen vor unterdrücktem Lachen die Tränen in die Augen.

Max war schließlich etwas kurzatmig, als er nach Ende der gefühlvollen Darbietung an der Reihe war. Er hatte im fernen Tübingen ein hübsches Gedicht auf sein Heimattal geschrieben, das mit der Strophe endete:

Wo das Dorf sich an die Berge schmiegt,
wie ein Kindlein in der Wiege liegt,
wo die Buche weit streckt die Äste aus,
steht dem Kirchlein nah ein freundlich Haus.
Dieses traute Heim ist mein liebes Vaterhaus,
ist mein liebes teures Vaterhaus.

Er erntete großen Beifall, und die Tante wischte sich verstohlen eine Träne aus dem Augenwinkel.

Helene hatte sich für diesen Abend nicht zu viele Gedanken gemacht. Sie wusste, sie konnte ganz ordentlich singen, und bot der Versammlung eine herzhafte Wiedergabe ihrer Landeshymne «Heil dir, o Oldenburg» dar. Es blieben alle Augen trocken, was ihr nur recht war.

Nun ergriff Marie im Schein der Kerzen das Wort. Ihr Gesicht lag im Dunkeln, doch ihre Stimme schien tiefer und kräftiger zu sein als tagsüber. Es ging auf einmal eine große Ruhe und Autorität von ihr aus. «Ich will euch heute von der Urschel und ihren Nachtfräulein erzählen, die schon seit vielen

Hundert Jahren auf dem Ursulaberg ihrer Erlösung harren.» Sie wies mit der Hand hinter sich, wo sich die dunkle Kuppe des besagten Berges vor dem nachtblauen Himmel abzeichnete. «Man erkennt die Urschel an ihrem weißen Kleid und der prächtigen Radhaube aus Spitze. Sie ist von schöner Gestalt, trägt rote Strümpfe und weiße Schuhe, die niemals schmutzig werden. An ihrem goldenen Gürtel klirrt ein Schlüsselbund. Vor vielen Jahren ist die Urschel durch einen bösen Fluch verwunschen worden. Ihr Schloss, das einst oben auf dem Berg stand, ist daraufhin mit all seinen Schätzen darin versunken. Nun muss die Urschel im Berg hausen und mit ihren Nachtfräulein als Geist über die Alb wandeln. Oben beim Wasen sieht man sie manchmal sitzen und mit ihren goldenen Nadeln stricken. Sie blickt dann sehnsüchtig auf Reutlingen hinab, auf dass ihr Retter von dort zu ihr heraufkommen möge. Die Urschel bewacht unten bei sich einen sagenhaften Schatz – wer sie von ihrem Fluch erlöst, wird einst ein reicher Mann sein.» Eine Nachteule schrie, und Helene lief ein Schauer über den Rücken. «Einmal hat ein Pfullinger Bürger es versucht und ist nachts zum Urschelloch am Mädlesfelsen hinaufgestiegen, von dem aus es hinabgeht in den Berg. Die Urschel lud ihn ein, drei Nächte mit ihr zu speisen, ohne dass er sich fürchten oder einen Laut von sich geben durfte. In der ersten Nacht erschien sie wie gewöhnlich in ihrem weißen Kleid, doch in der zweiten Nacht tauchte sie als grässliche Schlange an dem reich gedeckten Tisch auf, züngelte an den Speisen und wand sich um die Tischbeine. Der Mann bezwang sein Entsetzen, speiste mit ihr und kehrte am Morgen in sein Haus zurück. Als aber die dritte Nacht kam, fand man ihn tot auf seinem Lager – er war an seinem Grausen gestorben. Und so hat sich noch immer niemand gefunden, der die Urschel erlösen konnte.»

Stille senkte sich über die kleine Gesellschaft. Helene sah sich um. Die dunkle Bergkette, über der die Sterne glitzerten, kam ihr plötzlich belebt vor. Jedes Rascheln war in der nächtlichen Stille doppelt laut. Sie griff nach Maries Hand und drückte sie leicht.

«Ich möchte an diesem Abend Uhlands Stimme erklingen lassen», erhob sich da plötzlich Ludwigs Bariton über die murmelnden Stimmen der anderen. Er stand mit einem Kerzenständer in der einen und einem Buch in der anderen Hand auf, blätterte umständlich und richtete den Blick auf Marie.

«Wenn du den leichten Reigen führest,
Wenn du den Boden kaum berührest,
Hinschwebend in der Jugend Glanz:
In jedem Aug ist dann zu lesen,
Du seiest nicht ein irdisch Wesen,
Du seiest Äther, Seele ganz.»

Seine Stimme verursachte selbst in Helenes Brust einen Widerhall. Maries Hand krampfte sich um Helenes, die sie nicht losgelassen hatte. Ludwig blätterte weiter und trug, während Marie neben Helene zu zittern begann, noch das Achalm-Gedicht «Die Schlacht bei Reutlingen» vor, womit er das Programm des Abends beschloss.

Alle tranken noch ihren Tee, aßen Kirschen aus der Schale und unterhielten sich. Helene ließ Maries Hand los, als Ludwig sich neben sie setzte, und rückte in Max' Richtung von den beiden ab. Marie schlug verlegen die Augen nieder. «Du hast so wunderbar gesprochen. Jedes Wort offenbart deine tiefe Seele», hörte Helene Ludwig noch sagen, bevor sie die Nase in ihrer Tasse versenkte. Ihr Herzschlag beschleunigte sich. Diese Romanze lief doch auf eine Verlobung hinaus! Und warum auch nicht. Marie war mit ihren achtzehn Jahren im besten Heiratsalter, und als Pfarrerstochter würde sie auch eine gute Pfarrersfrau abgeben. Ludwig hingegen erschien ihr noch recht jung, um auf Freiersfüßen zu wandeln. Wahrscheinlich kam er aus einer vermögenden Familie.

Sie sah Max an, der sich zu seiner Mutter vorbeugte. Obwohl er Helenes Gesellschaft suchte und sich gern mit ihr zu unterhalten schien, hegte er anscheinend keine romantischen Gefühle für sie. Als er sie so bereitwillig an den Inhalten seiner Seminare und Vorlesungen hatte teilhaben lassen, da hatte sie, das musste sie sich eingestehen, doch vielleicht ein wenig für ihn geschwärmt. Er war freundlich und großzügig. Dass Männer, die sie ernst nahmen und ihr Wissen mit ihr teilten, nicht gerade häufig vorkamen, hatte sie schon festgestellt. Doch genau so einen wünschte sie sich. So einen Mann würde sie heiraten, und sonst keinen.

Man plauderte noch ein halbes Stündchen, dann wurde es allmählich kühl. Alle rappelten sich auf, falteten ihre Decken zusammen, griffen nach den Kerzen. Helene sah zu Marie hinüber, der von Ludwig aufgeholfen worden war. Sie blickte mit ernstem Gesicht auf ihre Kerze hinab, die sie nach kurzem Zögern ausblies. Im Mondlicht machten sich alle auf den Weg zurück ins Haus und in ihre Stuben.

MARIE

Schussenried
1926

Sie sitzen alle zusammen in dem weiß getünchten Speisesaal mit dem großen Holzkreuz an der Wand. Soeben zündet Schwester Alma am Adventskranz die vierte Kerze an. Die Insassen stimmen «Vom Himmel hoch ...» an, auf den Tellern vor ihnen liegen Äpfel, Nüsse und Lebkuchen.

Marie ist froh, dass sie wieder dabei sein darf. Sie hat die letzten beiden Wochen im Bett verbracht. Doktor Groß hat ihr eine Schlafkur verordnet, die übliche Behandlung für Patienten, die nicht einsichtig sind oder aus Erregungszuständen nicht mehr herausfinden. Marie erinnert sich kaum an diese Tage. Immer, wenn sie aufwachte, bekam sie eine kleine weiße Pille zu schlucken.

Leider fühlt sich Marie trotzdem nicht erholt. Die Müdigkeit lässt sich gar nicht mehr abschütteln. Seit dem Ende der Kur ist sie nicht mehr nach draußen gegangen. Ihre Glieder sind schwer. Sie kann Gesprächen oft nicht folgen. Man hat ihr einen großen Korb voll Flickwäsche gegeben, und so sitzt sie jeden Tag in ihrer Ecke und näht.

Gerade spricht die Oberin Schwester Maria Restituta ein Gebet, Marie hat gar nicht bemerkt, dass das Lied zu Ende war. Hastig faltet sie die Hände. Sie möchte nicht auffallen. Sie will keine kleinen Pillen mehr schlucken.

An ihrer Schulter taucht plötzlich ein Mädchen auf. Marie braucht einen Augenblick, um zu verstehen, dass die Schwester ihr Kräutertee einschenken möchte. Umso strahlender lächelt Marie sie an. «Danke schön!»

Sie steckt sich eine Nuss in den Mund und nimmt sich einen Apfel. Wie herrlich, dass sie nun zu Weihnachten wieder solch gute Sachen bekommen! Marie erinnert sich noch genau an den Hungerwinter 1917. Zwei ihrer Mitpatientinnen haben ihn nicht überlebt. Marie kann Entbehrung gut aushalten. Deswegen ist sie auch so alt geworden.

Es waren schlimme Zeiten damals. Nach dem Krieg kamen zuhauf die Zitterer in die Anstalt, die Kriegsneurotiker. All die jungen Männer brachten mit ihrem Geschrei viel Unruhe ins Kloster. Marie litt mit ihnen. Solch junge Leben, so früh zerstört. Nach und nach wurden sie entlassen. Man hört, einige sind nicht mehr gesund geworden.

«Und hier, meine Damen und Herren, haben wir die Adventspost!» Schwungvoll schiebt die Oberpflegerin ein Wägelchen herein, auf dem sich Briefe und Päckchen stapeln. Ein freudiges Raunen geht durch den Saal, doch die Bewohner bleiben geduldig sitzen, bis sie ihre Post an den Platz gebracht bekommen.

Marie geht oft genug leer aus, trotzdem spürt sie Aufregung in sich aufwallen. Hoffnung ist das Schlimmste. Sie versucht, das Gefühl zu unterdrücken.

«So, bitte schön!» Eine junge Schwester legt ein kleines braunes Päckchen vor ihr ab. Als sie weitergegangen ist, nimmt Marie es behutsam in die Hand. Staunend liest sie die Berliner Absenderadresse. Sie hebt die Augen und begegnet dem Blick ihrer Bettnachbarin Alice Mangold, die ihr gegenübersitzt. Sie hat keine Post erhalten.

«Wollen wir nachschauen, was es ist?», bezieht Marie sie in ihre Freude mit ein.

«Wen kennen Sie denn in Berlin, Fräulein Eifert?»

«Meine alte Freundin Helene.» Mit einem Ruck reißt Marie das Packpapier auf und legt ein abgegriffenes, in Leinen gebundenes Büchlein frei. Eine Karte fällt heraus. Sie ist aus guter, dicker weißer Pappe mit modisch gewellten Kanten, und in schwarzer Tinte steht darauf:

Liebe Marie,
ich habe mich sehr über Deinen Gruß gefreut. Aus meiner
Jugend sind mir nicht mehr viele Weggefährtinnen geblieben –
umso teurer ist mir, dass Du noch immer an meinem Leben
Anteil nimmst. An unser gemeinsames Jahr in Eningen denke
ich oft. Dann greife ich nach dem alten Uhland-Band und lese
darin. Es steigen so viele Erinnerungen daraus auf. Dir, an
die sich die meisten von ihnen knüpfen, möchte ich ihn nun
schenken, verbunden mit den herzlichsten Wünschen für ein
gesegnetes Weihnachtsfest.
In alter Verbundenheit
Deine Helene

Wärme durchströmt Marie. Eine Freude, für die ihr Brustkorb kaum genug Platz bietet. Sie blinzelt. Dann reicht sie den Brief an Alice Mangold weiter und schlägt das Buch auf. Vertraute Verse klingen in ihr auf.

Im nächsten Moment wird ihr das Geschenk grob aus den Händen gerissen. «Fräulein Eifert!» Oberschwester Mayer stützt sich mit einer Hand auf dem Tisch ab und beugt sich drohend zu ihr herunter. «Wir haben doch besprochen, dass Sie in nächster Zeit nicht lesen dürfen! Und erst recht keine» – sie wirft einen Blick auf das Buch – «Gedichte!»

Marie senkt den Blick. «Aber ich habe doch nur ...»

«Ihnen fehlt die Einsicht, dass Sie krank sind. Deswegen versuchen Sie immer wieder, die Anweisungen zu unterlaufen. Das haben wir zur Genüge besprochen. Und erst neulich haben Sie wieder versucht, einen Brief nach draußen zu schicken. Wir wissen doch beide, dass Sie in der Vergangenheit Leute derart belästigt haben, dass sie sich von Ihnen bedroht gefühlt haben. Das wollten wir doch nicht mehr machen, hm?»

Es ist sinnlos, Einwände zu erheben. Sie haben ja doch immer die besseren Argumente. «Nein. Es tut mir leid.» Maries Herz klopft, sie sieht stur geradeaus in den Saal. Sie ist so froh, dass sie die gute Alma Benedicta dazu bewegen konnte, heimlich für sie an Helene zu schreiben. Die weichherzige Schwester geht gerade unter dem Holzkreuz vorbei und zwinkert ihr zu. Helenes Geschenk ist der Beweis dafür, dass sie den Brief tatsächlich abgeschickt hat.

«Aber das Buch», ergreift Alice Mangold da mit ihrer rauen Stimme das Wort, «gehört mir! Wir haben getauscht, Fräulein Eifert hat mich ihre Weihnachtskarte lesen lassen, und ich wollte ihr mein Geschenk zeigen.»

«So?» Oberschwester Mayer sieht stirnrunzelnd auf das Buch hinunter, dann gibt sie es Alice zurück. «Aber Sie wissen schon, dass Fräulein Eifert nicht lesen soll, gell?» Und mit diesen Worten geht sie weiter.

Maries Herz schlägt schnell. Ohne Verbündete wäre sie hier verloren. «Danke», sagt sie leise.

«Ich lege es nachher im Schlafsaal unter Ihr Kissen», entgegnet Alice Mangold im Flüsterton. «Sie müssen es gut verstecken.»

MARIE

Eningen
Winter 1865

«Isch des Mariele da?»

Marie hörte die aufgeregte Stimme an der Tür bis hinauf in die Wohnstube, wo sie mit Friederike und Helene saß und an einem Abschiedstüchlein für Alwine stickte. In der kommenden Woche würde diese nach Hannover zurückkehren.

Eiliges Trappeln auf der Treppe, dann kam mit erhitzten Wangen Christine Hofstetter herein, mit der Marie sich bei den Vorbereitungen zum Adventsbasar ein wenig angefreundet hatte. Sie war verheiratet und hatte bereits ein Kind.

«Mariele, ich hab solche Angst», sagte sie nun und ließ sich auf einen Stuhl sinken.

Marie legte ihren Stickrahmen ab und stand auf. «Möchtest du einen Kaffee?»

«Ach nein. Ich brauche nur deine Hilfe.» Sie nickte den beiden anderen Mädchen zu, wickelte sich aus ihrem Schal und band sich das Kopftuch ab.

«Du kennst doch die Margarete Braun, die Tochter vom Spengler Braun? Die hat sich verlobt. Und zur Verlobung hab ich ihr ein gelbes Kleid genäht. Es musste schnell gehen, sie hat mich darum gebeten und mir auch Geld dafür gegeben.»

«So?» Marie wusste nicht, worauf die Hofstetterin hinauswollte.

«Jetzt hat mich die Schneidergesellschaft verklagt! Weil ich den Schneidern ins Handwerk gegriffen habe! Dabei hätte keiner von denen das Kleid so schnell nähen können. Und ich hab's doch von meiner Mutter gelernt.»

Helene hob den Kopf. «Warum sollten Sie Ihren Beruf nicht ausüben?»

«Weil ich den Herren Schneidern damit Arbeit weggenommen hab. Als Näherin darf ich keine eigenen Kleider machen. Aber wenn doch sonst niemand Zeit hatte! Und ich die Groschen gut gebrauchen kann.»

Marie dachte nach. «Und wenn du hingehst und dich entschuldigst? Und gelobst, es nicht wieder zu tun?»

Helene sah aus, als wollte sie Einspruch erheben, da sagte Christine Hofstetter schon: «Das hab ich doch bereits getan. Aber sie wollen, dass ich vom Amt verurteilt werde. Zur Abschreckung für alle anmaßenden Frauenzimmer.»

«Man könnte fast glauben, die haben Angst vor *Ihnen*», kommentierte Helene trocken.

«Mariele, kannst du bei deinem Vater ein gutes Wort für mich einlegen? Wenn er mit dem Schultes spricht, komme ich vielleicht mit einer Verwarnung davon.»

Es war das erste Mal, dass sich ein Hilfe suchendes Gemeindemitglied nicht an ihre Mutter, sondern an Marie persönlich wandte. Sie fühlte sich geehrt, doch ihre Aussichten, Christine Hofstetter helfen zu können, standen schlecht. Vater war missgelaunt. Am Vormittag hatte er den jungen Johann Eitel zu sich zitiert und lautstark ins Gebet genommen, was durch das Sprachrohr vom Amts- ins Wohnzimmer für alle Hausbewohnerinnen deutlich vernehmbar gewesen war. Eitel war erneut durch Fehlverhalten in der zugegebenermaßen stets überfüllten Kirche aufgefallen, hatte einige Altersgenossen durch Schubsen aus der Bank befördert und sich so selbst einen Platz verschafft. Das hatte zu Händel und Durcheinander im Gottesdienst geführt – nicht zum ersten Mal. Die Mutter hatte bei dem Gebrüll immer wieder bekümmert die Augen zur Decke erhoben und kopfschüttelnd gemurmelt: «Dass er sich bloß nicht zu sehr aufregt!» Der junge Eitel hatte das Haus erst vor Kurzem wieder verlassen, und Mutter war besorgt um die Gemütsverfassung ihres Mannes hinauf ins Amtszimmer geeilt.

«Ich kann es versuchen, aber versprechen kann ich nichts.» Marie fühlte sich schlecht dabei, ihrer Bekannten so wenig Hoffnung machen zu können, aber Vater schlug sich für gewöhnlich «der guten Ordnung halber» auf die Seite der Handwerker und Zünfte.

«Aber es ist doch ungerecht!» Helene, die ohnehin mit wenig Eifer gestickt hatte, ließ ihre Handarbeit sinken. «Eine Frau muss ihr eigenes Geld verdienen dürfen. Seht euch Luise Kittel an. So kommt es, wenn man ganz von einem Mann abhängig ist, der sich nicht um die Familie kümmert. Wir sollten uns das nicht gefallen lassen.» Helenes Stimme hatte diese Strenge, wenn sie so sprach, etwas Hartes.

«Der Onkel wird ihn ermahnen, Helene», sagte Friederike besänftigend.

«Das hat bislang auch nichts genutzt. Nützlicher wäre es, den Frauen eine Ausbildung zu geben, mit der sie selbst in der Lage sind, für sich zu sorgen.»

«Die Frauen würden doch ohnehin nur arbeiten, bis sie heiraten. Das lohnt nicht», hielt Friederike dagegen.

Marie sagte nichts. Der Einwand galt natürlich nicht für die Armen. Doch eine arbeitende Ehefrau musste ihren Verdienst dem Mann abgeben. Und sie hatte viele andere Pflichten, musste für die Kinder und auch den Mann da sein. Wie sollte beispielsweise ihr Vater zurechtkommen, wenn Mutter nicht ihre ganze Kraft in den Dienst seiner Sache stellte? Ungerecht war es aber doch, da musste sie Helene beipflichten.

Nachdem sie die Hofstetterin zur Tür begleitet hatte, blieb Marie gleich unten in der Küche. Sie musste sich um das Mittagessen kümmern. Anna, die Magd, war mit der Kochwäsche beschäftigt. Da sie den Ofen bereits angeheizt hatte, war es im Raum angenehm warm. Über Weihnachten und Neujahr waren so viele Gäste im Haus gewesen, dass sie zusammen mit der Mutter nur treppauf und treppab gelaufen war. Nun ließ sich Marie für einen kurzen Moment am Holztisch nieder und genoss die Stille. Fünf Wochen war es nun schon her, dass sie Ludwig zuletzt gesehen hatte. Ein Abend, an den sie nicht gern zurückdachte und den sie dennoch nicht vergessen konnte. Warum war Ludwig so abweisend gewesen?

Es wäre zu schön gewesen, noch einen Augenblick ihren Gedanken nachzuhängen, aber in diesem Moment kam Anna herein, die das Rührholz für den Waschkübel vergessen hatte. Als sie Marie dort niedergeschlagen sitzen sah, tätschelte sie ihr im Vorübergehen den Arm. «Jedes Häfele fended sei Deggele», sagte sie tröstend auf dem Weg aus der Tür. Nun musste sie sich sogar schon von der Magd bemitleiden lassen!

Vor Ludwigs letztem Besuch am dritten Advent hatte Helene Marie mit Fragen traktiert, die sie nicht beantworten konnte. Es war, als erwartete sie von ihr, Marie, dass sie sich zu Ludwigs Zuneigungsbekundungen verhielte, eine Entscheidung traf. Dabei lag die Entscheidung doch bei Ludwig. Wieso sollte sie sich Gedanken darüber machen, was sie wollte, wenn das Wollen doch ihm oblag?

Die Fragerei hatte die Spannung und Vorfreude trotzdem steigen lassen. Marie hatte sich ganz wach und kribbelig gefühlt, lebendig wie noch nie. Wie jedes Jahr waren in der Woche dann von überallher Krämer zum Congress nach Eningen geströmt, es herrschte buntes Treiben auf den Gassen, in den Wirtshäusern. Spannung lag in der Luft. Als Max und Ludwig am Wochenende des dritten Advents dann endlich eingetroffen waren, hatte Marie nicht einmal die Zeit gehabt, mit ihnen und den anderen jungen Leuten zum Eislaufen zu gehen. Der gesamte Rumpp'sche Gesangsverein hatte sich ausgerechnet an diesem Samstag zu einem Adventsständchen angesagt, und sie hatte mit der Mutter die Vorbereitungen dafür treffen müssen.

Am frühen Abend waren die anderen lärmend und mit roten Wangen nach Hause zurückgekehrt. Helene hatte sich bei Max, Alwine bei Ludwig untergehakt, und Richard trug Friederikes Schlittschuhe. Mutter trat ihnen entgegen und fragte: «Seid ihr nass? Zieht euch schnell um, gleich kommt der Chor.»

Alwine und Ludwig sahen sich an und lachten, dann polterten sie an ihnen vorbei die Treppe hinauf. Marie, die neben Mutter stand, beachteten sie gar nicht. Marie blickte ihnen noch nach, da erschienen bereits die ersten Sänger an der Haustür. Einer nach dem anderen drängte in den Flur, wo es schnell zu eng wurde. Die Familie und ihre Gäste begaben sich ins Wohnzimmer. Auf der einen Seite nahmen zusammengedrängt die Zuhörer Platz, auf der anderen stellte sich der Gesangsverein auf. Mutter zündete Kerzen an, Marie und Anna schenkten Tee aus und reichten Teller mit «Gutsle» herum, dem Adventsgebäck.

Es war so voll im Raum, dass es Marie erst nach dem vierten Lied, «Vom Himmel hoch», auffiel: Alwine, Ludwig und Helene waren noch immer nicht wieder aufgetaucht. Friederike und Richard dagegen saßen längst mit trockenen Socken und dem Mund voller Gebäck auf ihren Plätzen. Erst weitere zwei

Lieder später erschienen die drei kurz nacheinander. Marie suchte Helenes Blick, die aber nicht in ihre Richtung, sondern mit unbewegtem Gesicht stur auf die Sänger sah. Maries Augen glitten weiter zu Ludwig, der seinen Blick hastig abwandte, als wäre er durch ihren Anblick an etwas Unangenehmes erinnert worden. Hatte sie Krümel am Mund? Verstohlen wischte sich Marie übers Gesicht und strich sich das Haar glatt.

Der Gesangsverein beendete sein Konzert unter großem Applaus. Marie musste, weil Richard den Plätzchenteller leer gefuttert hatte, schnell in die Küche hinunter und ihn wieder auffüllen. Als sie mit dem Gebäck wieder ins Zimmer trat, sah sie Ludwig neben Alwine sitzen, die beiden schienen miteinander zu scherzen und niemand anderen wahrzunehmen. Immerzu lachten sie! Maries Herz wurde schwer. Offenbar amüsierte Alwine Ludwig besser, als sie es vermochte. Wie hatte sie sich auch einbilden können, er hätte ausgerechnet zu ihr eine besondere Zuneigung gefasst. Natürlich war sie zu still und zu langweilig, um irgendjemandes Interesse länger halten zu können. Sie ging im Zimmer herum und bot den Sängern, die plaudernd in Grüppchen standen, Gebäck an. Das Lächeln fiel ihr dabei schwer.

Den ganzen Abend wechselte Ludwig nicht einen einzigen Satz mit ihr. Und das, wo er ihr im Sommer und Herbst so viel herzliche Aufmerksamkeit entgegengebracht hatte! Nachdem die Männer vom Gesangsverein gegangen waren, setzte Marie sich neben ihn, um wenigstens ein paar höfliche Floskeln auszutauschen. Er jedoch erhob sich sofort und eilte zu Alwine hinüber, die ihre Laute geholt hatte, auf einem Stuhl Platz nahm und probeweise an den Saiten zupfte. Gleich würden sie auch noch zusammen singen. Marie bemerkte Helenes mitleidigen Blick und stand hastig auf. Wenn er sie dermaßen brüskierte, wollte er ihr damit etwas bedeuten. Sie hatte verstanden. Schnell ging sie mit einem leeren Teller hinunter in die Küche, um sich zu fassen.

Der Teekessel pfiff, das Wasser war heiß. Seufzend erhob sich Marie vom Tisch. Natürlich hatten alle mitbekommen, dass ihr Techtelmechtel mit Ludwig ein Ende gefunden hatte. Angesprochen hatte sie darauf nur Helene. Tröstend hatte sie gesagt, Marie habe ohnehin einen Besseren verdient, und sich dann redlich darum bemüht, sie abzulenken. Abends in ihrem Zimmer las sie ihr nun regelmäßig vor oder erzählte unterhaltsam aus ihrem Oldenburger Leben, von dem Marie nicht genug erfahren konnte. Es war wie ein Einblick in eine ganz andere, städtischere Welt.

Trotz der Versuche, sie aufzumuntern, hatte eine Schwermut von Marie Besitz ergriffen, die nicht abzuschütteln war. Es war schön gewesen, als Ludwig sie verehrt hatte. Mutter und die anderen älteren Frauen hatten sie auf den Pfarrkränzchen mit ganz neuen Augen gemustert, es hatte gutgetan, die neidischen Blicke von Friederike und die missgünstigen von Alwine auf sich zu spüren. Damit war es nun also vorbei, sie war wieder das gute Mariele, das die Leute nicht einmal wirklich bemerkten. Sie fühlte sich unwürdig, hässlich und kraftlos. Jeder Handgriff wurde ihr schwer. Richard beklagte sich oft darüber, dass seine Mutter so wenig Zeit für ihn hatte – Marie aber wagte sich nicht zu beschweren. Sie wusste, Vater hätte kein Verständnis für ihr Bedürfnis nach Ruhe, er würde es für Faulheit halten. Mutter schien sich von Herzen über jeden Besuch zu freuen, und manchmal kam es Marie so vor, als suchten die Gäste eigentlich sie auf, als suchten sie eigentlich *ihren* Rat, nicht nur beim Küchentratsch der Frauen während der sonntäglichen Pfarrkränzchen, sondern auch im Alltag. Sie brauchte scheinbar nichts für sich – das Geben und Helfen machte ihr so viel Freude.

Helene allerdings betrachtete die Mühen der Gastfreundschaft ebenfalls mit zunehmender Skepsis, und an einem Sonntagabend hatte sie sich vor der abgearbeiteten Mutter und deren Stopfkorb aufgebaut zu ihrer ganzen hünenhaften, norddeutschen Größe, die Hände in die Hüften gestützt und ihr prophezeit: «Auf deinem Grabstein, Tante, wird einmal stehen: ‹Tod durch Gäste›.» Alle im Raum waren in Gelächter ausgebrochen, nur Richard war auf- und abgesprungen und hatte gerufen: «Genau, genau!»

«An Bsuach machd zwoimol Freud: wennr kommd ond wennr widdr gohd», murmelte die weise Anna im Vorübergehen.

Vater hatte daraufhin ruhigere Zeiten angekündigt, Helenes Prophezeiung hatte ihn offenbar erschreckt.

Anfang Februar wurde es dann tatsächlich recht still im Haus. Die kalte Jahreszeit forderte ihren Tribut, und kurz nach der tränenreichen, von Marie insgeheim herbeigesehnten Abreise der aufmerksamkeitssüchtigen Alwine, deren Pensionatsjahr abgelaufen war, wurde Friederike durch einen Katarrh ins Bett gezwungen. An den grauen und kalten Nachmittagen hielten Mutter und Pfleiderer zufrieden ihr tägliches Stopf- und Kaffeepläuschchen, während Helene am Esstisch unter Stirnrunzeln über ihren theologischen Texten brütete, die sie stets von Pfleiderer einforderte. Ihre Handarbeiten litten darunter, doch sie unterstützte bereitwillig den Armenverein und brachte Luise Kittel regelmäßig ihre Suppe. Der Säugling war gestorben, und auch um die Mutter stand es nicht gut.

Von diesen Besuchen kehrte Helene schweigsam, geradezu grimmig zurück. Vergangenen Sonntag hatte sie sich geweigert, für die arme Frau zu beten. Sie war, als Vater die Tischgemeinschaft dazu aufgefordert hatte, einfach aufgestanden und aus dem Zimmer gestürmt. Es hatte danach Gespräche hinter verschlossenen Türen gegeben. Am Sonntag dann hatte Vater im Gottesdienst die Landhändler dazu aufgerufen, Martin Kittel, wenn sie ihn träfen, nach Hause zu schicken.

Im Herbst, vor dem verhängnisvollen Adventswochenende, hatte Ludwig Marie noch den einen oder anderen Brief in Max' Wäschekistle gelegt, nun war jede leere Sendung wie ein neuer Stich. Max kam an den Wochenenden oft nach Hause, aber stets ohne Grüße für sie, und verzog sich unter lebhaften Gesprächen am liebsten gleich mit Helene in die Sofaecke. Marie war überrascht, wie viel Kummer es ihr bereitete, die beiden miteinander zu sehen und selbst allein am Stickrahmen zu sitzen. Ob sie jemals heiraten würde? War sie hübsch genug, war sie interessant genug, um einen Mann für immer an sich zu binden? Dass Ludwig sie nicht haben wollte, dieser gut aussehende, gebildete Mensch, durfte sie im Grunde nicht wundern. Vermutlich war es nicht leicht, jemanden wie sie zu lieben, die so verschlossen und schweigsam war. Sie seufzte tief. An Abschiede war sie gewohnt. Sie würde bestimmt über die Enttäuschung hinwegkommen.

Ende Februar wurde es Vater zu still. Sein Menschenhunger vertrug keine allzu lange Ruhezeit. Während beim Abendessen alle stumm ihre Suppe löffelten, verkündete er plötzlich: «Adelgunde, ich fahre übermorgen mit Helene und Marie nach Tübingen. Ich möchte einmal bei meiner lieben Germania vorbeischauen. Marie wird etwas Abwechslung guttun, so trübsinnig, wie sie dreinblickt, und Max kann Helene die Universität zeigen.» Er schmunzelte. «Ich weiß ja, wie neugierig sie darauf ist.»

«O ja, Onkel, ja!», rief Helene aufgeregt.

«Schon gut, schon gut», lächelte er. «Aber lass dir davon keine Flausen in den Kopf setzen!»

«Habe ich die nicht schon im Kopf?», fragte sie mit hochgezogenen Augenbrauen, und Mutter legte ihr schnell die Hand auf den Arm.

Vater wiegte das Haupt. «Es ist schön, dass du einen wachen Geist hast, mein Kind, aber dein Streben nach Gelehrsamkeit wird dich nur von deinem vorbestimmten Weg abbringen. Er wird dir schwerer werden, wenn du dich zu viel in Träumereien ergehst.»

«Das Mädle ist schön, sie wird heiraten!», sagte Mutter und tätschelte Helenes Arm.

Helene atmete aus und schwieg.

«Und ich?», fragte Marie. «Werde ich auch heiraten, Mutter?» Sie wollte so gern einmal hören, dass ihre Eltern weiterhin daran glaubten. Ihr selbst fehlten der Mut und die Zuversicht. Erwartungsvoll sah sie ihre Mutter an, doch diese blickte vor sich auf den Teller.

«Du bist deiner Mutter im Haus eine große Hilfe, Mariele», antwortete der Vater an ihrer Stelle. «Außerdem hast du von ihr noch viel zu lernen. Wir wünschen nicht, dass du bald heiratest. Wir brauchen dich hier.»

Marie spürte, wie sich Kälte in ihrer Brust ausbreitete. Sie trauten es ihr nicht zu. Sollte sie kein eigenes Leben haben? Sie hatte sich nie Gedanken darüber gemacht, was ihre Eltern für sie vorgesehen hatten, und einfach angenommen, dass es schon das Beste für sie wäre. Und vielleicht war das Beste wirklich hierzubleiben. Sich nicht in die Welt hinaus wagen zu müssen, war für jemanden wie sie jedenfalls einfacher. Sie durfte hierbleiben und für ihre Eltern sorgen. Das war doch eine schöne Aufgabe, sagte sie sich. Trotz dieser Gedanken konnte sie sich einer plötzlichen Niedergeschlagenheit nicht erwehren, die sich offenbar in ihrer Miene spiegelte, denn der Vater setzte begütigend hinzu:

«Du sollst deinen Mitmenschen dort dienen, wohin dich der Herr gestellt hat. Du wirst uns doch nicht damit enttäuschen, dass du zuerst an dich selbst denkst.»

Maries Wangen brannten. Sie hatte ohnehin keinen Verehrer mehr, keine Aussichten. Wenn sich aber eines Tages doch unverhofft die Möglichkeit auftat, eine eigene Familie zu gründen, würde Vater es ihr dann erlauben? «Ich möchte nur ...»

«Marie!» Vaters Stimme klang schneidend.

Nun legte Mutter ihre Hand auf seinen Arm. «Das Kind ist müde», sagte sie. «Vielleicht hat sie sich bei Friederike angesteckt.»

«Wenn du meinst.» Vater legte den Löffel ab. «Die Suppe war sehr gut, Adelgunde.»

Maries Herz klopfte laut und schmerzhaft in ihrer Brust. Sie wusste nicht, was in sie gefahren war. Noch nie hatte sie ihrem Vater widersprochen. Sie schämte sich. Was für ein sinnloser Streit. Sie wollte, dass er ihre Hoffnungen wahrnahm, aber wozu? Natürlich würde sie sich seinen Wünschen fügen. So, wie sie es immer schon getan hatte.

Zwei Tage später stiegen sie vor der Traube in die morgendliche Postkutsche hinunter nach Reutlingen und nahmen von dort den Zug nach Tübingen. Es war ein sonniger Wintertag, sie fröstelten in ihren dicken Mänteln. Marie war noch immer niedergeschlagen, Helene dagegen in Hochstimmung, zumal Max sie vom Bahnhof abholte.

Sein Gesicht leuchtete auf, als er sie erblickte, doch er wurde umgehend von Vater mit Beschlag belegt. Die beiden gingen vor ihnen her, und Max wurde bezüglich seines Seminars über die «kantianische Philosophie» ins Verhör genommen, was immer das sein mochte. Helene sagte kein Wort, sondern spitzte die Ohren, während Max von seiner Arbeit berichtete.

Schließlich seufzte sie und flüsterte: «Kannst du glauben, dass die jungen Männer solches Wissen einfach in den Schoß geworfen bekommen, auch dann, wenn sie nicht einmal besonders viel davon begreifen? Wohingegen auch der klügsten Frau jeder Unterricht in akademischen Fächern verwehrt bleibt. Wir müssen froh sein über die Brosamen, die wir bei Tisch aufschnappen, bevor man uns in die Küche scheucht.»

Vor wenigen Tagen hätte Marie ihr widersprochen, sie vielleicht sogar zurechtgewiesen. Nun verstand sie plötzlich, worauf es Helene ankam. Sie wollte ebenfalls nicht, dass andere über ihr Leben entschieden. Sie wollte ebenfalls selbst bestimmen, womit sie sich Tag für Tag beschäftigte.

«Es müsste eine Schule für ältere Mädchen geben», sagte Marie nachdenklich. «Eine Schule, in der mehr gelehrt wird als ein bisschen Rechnen und Schreiben und Französisch und Zeichnen.»

Erstaunt und anerkennend sah Helene sie an. «Denk doch, wie herrlich das wäre! Warum sollten wir nicht die Hochschulreife erwerben wie die Männer auch? Warum sollten wir nicht studieren und etwas Sinnvolles lernen dürfen? Erstens wäre das gerecht, und zweitens würden wir doch auch andere bereichern mit größeren Fähigkeiten. Und drittens werden wir vielleicht nicht heiraten und einmal für uns selbst aufkommen müssen!»

Marie verspürte einen Stich. «Ich möchte eigentlich schon heiraten», sagte sie leise.

Helene nahm ihren Einwurf nicht zur Kenntnis. «Oh, ich wünsche mir nichts mehr, als an einer Universität studieren zu dürfen.» Sie blickte finster auf die Neckarbrücke, die nun vor ihnen lag. «Ich weiß, ich werde meinen Weg durchs Leben zu machen haben, aber ich werde mir neue Pfade suchen müssen.»

Was mochte sie damit meinen? Bevor Marie fragen konnte, waren Vater und Max mitten auf der Brücke stehen geblieben und sahen ihnen entgegen. Ihr Gespräch war offenbar abgeschlossen.

Max zeigte auf ein Haus auf der anderen Neckarseite. «Der runde Turm dort drüben gehört zum Clinicum. Darin hat dreißig Jahre lang Hölderlin gewohnt, nachdem er wahnsinnig geworden ist. Vor dreißig Jahren ist er dort gestorben. Und hier gleich rechts der Brücke, das ist Uhlands Haus.»

«Ich werde seiner Witwe heute einen Besuch abstatten.» Vater schüttelte traurig den Kopf. «Ich vermisse ihn. Er war nicht sehr gesellig, aber er ist doch gelegentlich auf eine Kneipe zu uns gestoßen.»

«Sie schreibt an seiner Biografie, hört man», sagte Max.

«Wer?» Vater runzelte die Stirn.

«Emilie Uhland.»

Helene blickte neugierig zu dem stattlichen Haus mit dem klassischen Giebel und den schmucken Fensterläden hinüber. «Kanntest du Uhland gut, Onkel?»

«Gewiss, er war schließlich Germane. Natürlich war er dreißig Jahre älter als ich, aber da er in Tübingen lebte, bekamen wir ihn als Studenten oft zu sehen. Für Leute hatte er allerdings wenig Talent. Man kam ihm nicht nahe.»

Marie war stolz, dass ihr Vater mit einem solch bedeutenden Mann verkehrt hatte, dem neben Goethe und Schiller wichtigsten deutschen Dichter.

Max stöhnte. «Ich war vor drei Jahren einmal bei ihm, nachdem die Germania ihm das Ehrenband verliehen hatte. Zusammen mit einigen Bundesbrüdern war ich zum Essen eingeladen. Uhland hat tatsächlich bis zum Kaffee eisern geschwiegen, also haben wir auch nichts gesagt. Ich dachte, es nimmt kein Ende.»

«Schweig!», sagte Vater ungehalten. «Uhland war ein wertvoller Mensch. Er war kein Plauderer, aber er hat dennoch nach außen gewirkt. Er hat im Landtag für die alte Verfassung gekämpft, die den Bürgern mehr Rechte zugestand, später in der Paulskirche für den großdeutschen Gedanken. Wenn du dir solche Verdienste erworben hast, darfst du den Mund aufmachen, vorher nicht.»

Max errötete und verstummte.

«Wo wohnt denn Ottilie Wildermuth?», erkundigte sich Helene fröhlich. Sie wollte mit dem Themenwechsel wohl Max aus der Bredouille helfen. «Können wir sie besuchen? Ich bin so begeistert von ihren Büchern.»

«Die Frau ist Mutter und Gattin eines Schulmeisters», sagte Vater unwillig. «Sie hat bestimmt alle Hände voll zu tun. Da sollten wir nicht stören.»

Max lebte wieder auf. «Es geht eine Anekdote um – und ich glaube, die Wildermuth hat sie selbst gestreut –, nach der Justinus Kerner zu ihr gesagt hat: ‹Sie schreiben so, dass man hört, dass Sie auch Strümpfe stopfen können.›»

Vater lachte, Helene blickte finster über den Neckar. «Wie

Uhland das wohl gefunden hätte», sagte sie langsam, «wenn man zu ihm gesagt hätte: ‹Sie schreiben so, dass man hört, dass Sie sich patent den Mantel zuknöpfen können!›»

Vaters Stirn umwölkte sich. «Das ist wohl kaum zu vergleichen, Helene.» Er seufzte. «Es ist besser, ihr geht gleich von hier los. Wir treffen uns heute Nachmittag um fünf in der Eifertei.» Er nickte ihnen zu und ging flotten Schrittes in die Stadt hinein.

«Die Eifertei?», fragte Helene überrascht.

Max deutete mit dem Kinn auf das schmale, hohe weiße Gebäude neben Uhlands Wohnhaus. «Das Lokal. Es ist ein Treffpunkt der Germanen.»

«Warum heißt das Haus wie ihr? Gehört es eurer Familie?»

«Der Wirt war unser Großvater. Er war außerdem Buchdrucker. Er hat Vaters Buch ‹Das Wahrzeichen von Tübingen› verlegt.»

Helene sah ihn entgeistert an. «Warum habe ich von dem Buch noch nie gehört? Ich weiß nur, der Onkel hat eine Geschichte Tübingens geschrieben.»

«‹Das Wahrzeichen von Tübingen› handelt von zwei Tübinger Bürgersöhnen und endet mit einem Justizmord. Nicht gerade der beste Lesestoff für Mädchen. Vielleicht ist ihm das Buch mittlerweile ein wenig peinlich.» Max grinste.

Marie kicherte. «Vermutlich wollte er dir nicht noch mehr Flausen in den Kopf setzen. Max, worauf warten wir? Wo fangen wir an, steigen wir zum Schloss hinauf?»

Max zog seine Taschenuhr heraus und warf einen Blick darauf. «Einen Moment noch.»

«Warten wir auf jemanden?» Helene blickte sich um.

In diesem Moment sah Marie ihn im Laufschritt auf sie zukommen. Alles um sie herum wurde still, und sie erstarrte zu

Eis. Warum musste Max ihr das antun! Ludwigs Hut saß schief auf dem Kopf, sein Mantel stand offen, und als er schwer atmend bei ihnen ankam, huschte sein Blick nervös von einem zum anderen. «Tut mir leid, Eifert.» Er verbeugte sich vor den Mädchen, doch seine Jovialität wirkte aufgesetzt. «Willkommen in Tübingen, die Damen!»

«Ehrenwirt hat den Wunsch geäußert, uns zu begleiten.» Ein ironisches Zucken umspielte den Mundwinkel ihres Bruders. Marie blieb stumm. Sie spürte, wie Helene sie ansah.

Schnell hakte sie sich bei ihr unter, dann setzten sie sich in Bewegung. Marie war abwechselnd heiß und kalt. Ludwig hatte sie seit vielen Wochen in dem Glauben gelassen, dass seine Gefühle für sie erkaltet waren. Wieso legte er nun Wert darauf, sie auf ihrer Stadtbesichtigung zu begleiten? Nicht einmal Helene schien einzufallen, was sie zu ihm sagen konnte.

Max durchbrach das beklommene Schweigen, indem er auf dem Weg durch die Gassen mit den schönen Fachwerkhäusern an der Stiftskirche vorbei zum Marktplatz unablässig auf Sehenswürdigkeiten hinwies. Bald begann Helene, dazu Fragen zu stellen, und zwischen den beiden entspann sich wieder einmal ein angeregtes Gespräch. Ludwig ging mit etwas Abstand hinter ihnen her und blieb wortkarg. Einmal sah Marie sich verstohlen zu ihm um und ertappte ihn dabei, dass er sie anstarrte. Hastig senkte er den Blick. Warum war er gekommen? Warum musste er ihr diesen freien Tag verderben?

Als sie bei ihrem Rundgang vor der Bursa Halt machten, in der einst Melanchthon gelehrt hatte, schlenderte Marie über den Vorplatz, um auf die Neckarinsel hinunterzuschauen. Sie hatte das alles schon oft genug gesehen und keine Lust, Ehrfurcht zu bekunden. Kaum stand sie an der Steinmauer, trat jemand neben sie. Sie zuckte zusammen, Ludwig war ihr so leise gefolgt, dass sie ihn nicht kommen gehört hatte. Beide blickten sie nun auf den Fluss hinunter, der in braunen Strudeln unter ihnen vorüberfloss. Die kahle Platane über ihnen bog sich im Wind, und erneut übertönte die dröhnende Stille in Maries Kopf alle anderen Geräusche. Es war, als hielte die Stadt den Atem an.

«Ist dir nicht kalt?», fragte Ludwig leise und sah sie von der Seite an.

Marie vergrub die Hände tiefer in ihrem Muff und schüttelte den Kopf.

Ludwig warf hastig einen Blick über die Schulter, und auch Marie wollte sehen, womit die beiden anderen beschäftigt waren. Max und Helene blickten begeistert an den vielen Fenstern der Bursa hinauf, und Max erzählte gerade die alte Geschichte von dem Philosophenstreit zwischen den Realisten und den Nominalisten, der angeblich damit geendet hatte, dass es für jede der gegnerischen Parteien eine eigene Treppe gab, die zur Rechten und zur Linken jeweils in den ersten Stock hinaufführte. Helene erkundigte sich, was Nominalisten seien, und Max begann auszuholen. Die beiden waren vollauf mit sich beschäftigt.

«Ich wollte ... ich muss ...» Ludwigs Stimme klang gepresst. «Ich möchte mich entschuldigen. Mein Verhalten bei meinem letzten Besuch war unverzeihlich. Ich weiß nicht, was ich ... Wo doch das Wichtigste in Eningen für mich du bist. Das Wichtigste auf der Welt.» Er senkte den Kopf. «Verzeih.»

Langsam hob Marie den Blick. Sie konnte unter der schwarzen Hutkrempe sein Gesicht kaum erkennen. Er wirkte beschämt und verzweifelt, aber sie begriff nicht. «Ich habe nichts zu verzeihen, Ludwig.»

«Ich habe dich glauben lassen ... Und dann habe ich ...»

«Wenn du doch nicht das für mich empfindest, was ich vielleicht dachte, ist es besser, das so bald wie möglich zu erkennen», sagte Marie tapfer.

«Aber liebste Marie, das ist es ja gerade! Ich empfinde so viel für dich!» Er griff nach ihrer Hand. Sie bekämpfte den Impuls, sie zurückzuziehen. «Seit Wochen quält mich die Sehnsucht nach dir, aber ich schäme mich zu sehr, um nach Eningen zu kommen.» Er holte tief und zitternd Luft, dann zog er ihre Hand an seine Brust. «Deine Anmut, dein empfindendes Herz, dein feinfühliges Schweigen – abends in meiner Kammer denke ich nur an dich.»

Marie spürte, wie sie zu zittern begann. Es war, als schaute sie von oben auf ihren Körper herab, der dort stocksteif an der Neckarmauer stand und unbeholfen seine Hand diesem erregten Mann überließ. Es war zu gut, um wahr zu sein. Geschah all dies wirklich?

«Ich habe nach einem Mädchen wie dir gesucht. Ehrlich, sittsam, voll innerer Schönheit. Das aus der Ehrbarkeit stammt. Das mir mit Rat und Tat zur Seite stehen kann.»

«Du willst meinen Rat?»

«Ich brauche deinen Rat. Ich habe eine gute Ausbildung genossen, aber du besitzt die tiefere Weisheit des Gefühls.» Er ließ ihre Hand sinken.

«Mir fehlt jede Bildung. Ich wünschte, ich hätte eine Ausbildung genossen.» Hatte sie das wirklich gesagt? Es musste an Helenes Einfluss liegen. Niemals hätte sie einen solchen Gedanken früher geäußert.

«Dafür kann ich sorgen. Wenn du etwas lernen willst, so wie deine Freundin», er deutete über seine Schulter, «dann helfe ich dir. Ich gebe dir Lektüre, wir sprechen darüber.» Er sann einen Augenblick nach, dann lebte er auf. «Ich könnte dir Aufgaben schicken, die du erledigen musst!», rief er. «Ich kann dein Lehrer sein!»

Marie spürte, wie sich angesichts seiner Begeisterung ein Lächeln auf ihrem Gesicht ausbreitete. Ludwig wirkte plötzlich sehr jung, beinahe kindlich wie Richard.

Mit rührendem Ernst fuhr er fort: «Ich möchte, dass wir uns Auge in Auge gegenüberstehen. Wenn ich erst Vikar bin, brauche ich eine Frau wie dich an meiner Seite.»

Plötzlich dröhnte die Stimme ihres Vaters in ihrem Ohr. *Wir wünschen nicht, dass du bald heiratest. Wir brauchen dich hier.* Trotz wallte in ihr auf. «Wann?», hörte sie sich fragen. «Wann wirst du Vikar sein?»

Er sah überrascht, aber auch erleichtert aus. «Ich mache nächstes Jahr mein Examen. Dann werde ich mich bemühen, schnellstens an ein Vikariat zu kommen. Vielleicht muss ich zuvor noch eine Stelle als Hauslehrer oder Hofmeister annehmen. Aber mein Vater hat gute Beziehungen, er wird sich für mich verwenden. Marie, bis dahin ... sei mein Ruhepol.»

Was nur meinte er damit? Als hätte er ihre stumme Frage gehört, sprach er weiter. «Schenk mir deinen Seelenfrieden. Deine kindliche Heiterkeit und Ruhe, deine Unschuld gegenüber der Welt hier draußen sind wie Balsam für mich.» Sein verklärter blauer Blick senkte sich in ihren, seine Stimme bebte vor mühsam im Zaum gehaltenem Gefühl. «Alles, was du tust, entspringt deinem Bedürfnis, zu helfen und deine Pflicht zu tun. Du und dein Walten, ihr seid eins. Das ist echte Anmut.»

War das so? Sie durfte ihm jedenfalls nicht verraten, wie unwillig sie manchmal ihre Märchenbücher aus der Hand legte, um ihren Aufgaben nachzukommen. Ludwig zeichnete sie in solch wunderbaren Farben. Hatte sie nicht die Pflicht, ihn die Wahrheit erkennen zu lassen? «Manchmal möchte ich mehr ...»

«Deine Anspruchslosigkeit und Freundlichkeit besänftigen mein Herz.» Zaghaft fasste er wieder nach ihrer Hand. «Marie, willst du mir deine Gunst noch einmal schenken? Sei meine Herzensfreundin!»

War es wirklich das, was er von ihr wollte? Ihren Rat, ihren gefühlvollen Beistand, das Gespräch zweier Verschiedener, doch Ebenbürtiger? Es war, als sprächen ihre eigenen Wünsche aus ihm. Er sah, wovor Vater seine Augen verschloss. «Ja», hauchte sie.

Er musste sich manchmal genauso verloren fühlen wie sie selbst. In ihrer Brust schwoll eine neue Empfindung an. Sie spürte, dass dieser Platz hier an seiner Seite der Ort war, an den der Herr sie gestellt hatte, um ihre Pflicht zu tun.

HELENE

Berlin, Hansa-Ufer
1926

«Frau Doktor Lange», sagt die junge Frau mit dem dunklen Bubikopf und den Glutaugen und streckt ihr die Hand entgegen. «Vielen Dank, dass Sie mich empfangen.»

«Frau Lange reicht», erwidert Helene trocken und tritt einen Schritt zurück, um diese Studienrätin, die ihrer Ansicht nach zu mondän aussieht für eine Lehrerin, in die Wohnung zu lassen.

«Aber ich habe gelesen, dass Ihnen die Universität Tübingen vor drei Jahren die Ehrendoktorwürde verliehen hat.»

Helene nickte. «Das ist richtig. Den Doktor der Staatswissenschaften. Und zwar, ich zitiere das gern, ‹in Ehrung meiner Verdienste als Vorkämpferin für die Eingliederung der Frau in die Volkswirtschaft›. Die Begründung hat mich gefreut. Aber ich verwende den Doktortitel nicht, da ich ihn nicht ordnungsgemäß erworben habe.»

«Ah. Ich verstehe.» Die junge Frau wirkt verunsichert.

«Frau Diemann, richtig?» Helene erinnert sich daran, dass sie die ausgestreckte Hand noch schütteln muss, und geht dann voran ins Wohnzimmer. Studienrätin Diemann plant zusammen mit dem Verlag für Deutsche Kulturpolitik Quellenhefte zur «Geschichte der Frau». Helene hat Gertrud zugesagt, dieses Vorgespräch zu übernehmen, denn Gertrud hat mit den Proteststürmen der liberalen Presse auf das von ihr vorangetriebene Gesetz gegen Schund- und Schmutzschriften alle Hände voll zu tun. Bestimmt will der Verlag ihnen beiden Beiträge aufbrummen. Mal sehen, welchen Eindruck die Dame macht.

Helene weist auf einen der beiden samtbezogenen Ohrensessel. «Möchten Sie Tee oder Kaffee?»

«Gerne Kaffee, wenn Sie haben.»

Während Helene Liesel Bescheid gibt, zieht Diemann, die ganz vorn auf der Sesselkante Platz genommen hat, einen Stapel Papier aus ihrer Aktentasche. Sie scheint vorbereitet zu sein. Allerdings rutscht ihr kurzes Kleid dabei beinahe bis über die Knie hoch.

«Ein wichtiges Projekt, dessen Sie sich da angenommen haben.» Langsam lässt sich Helene in den Sessel ihr gegenüber hinab.

«Das Größte an diesem Auftrag ist für mich eigentlich, dass ich dadurch Ihnen begegnen darf. Sie sind in meinen Augen die bedeutendste Anführerin der Frauenbewegung. Die erfolgreichste, weil Sie auch Kompromisse schließen und damit wirklich etwas erreichen. Eine lebende Ikone und mein Vorbild, wenn ich das so sagen darf.»

Helene lächelt leicht. Wenn sich die jungen Frauen von heute nicht diese hysterische Schnepfe Minna Cauer mit ihrem Verein Frauenwohl oder gar die bissige Kommunistin Clara Zetkin zum Vorbild nehmen, werden sie Schritt für Schritt weiterkommen. Die Radikalen sind gut darin gewesen, extreme Forderungen aufzustellen, die Männer gegen sich aufzubringen und nicht ernst genommen zu werden. «Gertrud Bäumer hat einmal treffend geschrieben: ‹Radikal sein heißt, es für vornehmer und fortschrittlicher zu halten, wenn man nur von den Zielen spricht und nie von den Wegen, auf denen man sie erreicht.› Ich habe für meine Ziele immer lange und strategisch geworben, ihnen den Weg bereitet. So habe ich es beispielsweise für kontraproduktiv gehalten, schon in den 80er-Jahren etwa das Wahlrecht oder die Koedukation zu fordern.»

«Diese politische Klugheit bewundere ich. Deshalb wollte ich Sie gleich eingangs fragen: Könnten Sie sich vorstellen, für unser Projekt einen Artikel über Ihre Laufbahn zu schreiben, Ihre Arbeit in den letzten Jahrzehnten?» Die junge Frau legt ein getipptes Verzeichnis auf den Couchtisch, ihre Hand zittert leicht.

«Auf keinen Fall.» Helene ist Lobhudelei gewohnt, davon wird sie sich nicht einwickeln lassen. Aber Gertrud hat ihr heute Morgen noch eine Mahnung zugerufen: «Vergraul sie nicht! Denke daran, wie distanziert du immer wirkst, auch wenn du es gar nicht willst!» Es ist nicht ihre Absicht, streng zu sein, liegt aber in ihrer Natur.

Die junge Frau sieht sie denn auch erschrocken an.

«Ich meine, es ist keine gute Idee, wenn ich ein Plagiat von mir selbst abliefere», ergänzt Helene freundlicher. «Das sollte jemand anderes machen, finden Sie nicht?»

«Meinen Sie, Frau Dr. Bäumer könnte sich vorstellen, den Aufsatz über Sie zu schreiben?»

«Ich hielte es für wichtiger, dass Frau Dr. Bäumer etwa eine ‹Geschichte der leitenden Ideen der Frauenbewegung› aufschriebe. Von Personenkult halte ich nichts.»

Die Studienrätin wiegt den Kopf. «Wir brauchen ein paar große Namen. Sie können sich doch bestimmt vorstellen, wie schwer es sonst ist, Gehör zu finden. Der Verlag wird das Projekt möglicherweise streichen, wenn ich keine ...»

«Ich verstehe.» Helene weiß nur zu gut, wovon die junge Frau spricht. Sie selbst musste ihre eigene Zeitung gründen, «Die Frau», um ein verlässliches Sprachrohr zu haben. Die

«Frauenfrage» ist für die meisten Menschen nachrangig, selbst heute noch, nach der Einführung des Wahlrechts. Die neuen Ausbildungs- und Berufsaussichten für Mädchen, die Besserstellung der Frauen in Zivil- und Eherecht wird von den Männern als Abschluss einer Entwicklung angesehen, von den Frauen als Selbstverständlichkeit hingenommen. «Ich werde Emmy Beckmann fragen, die Vorsitzende des Allgemeinen Deutschen Lehrerinnenvereins, ob sie ein paar Zeilen über mich beisteuert.»

«Vielen Dank.»

Liesel bringt den Kaffee, und die junge Frau trinkt schnell einen Schluck. Sie scheint tatsächlich ziemlich eingeschüchtert.

«Was möchten Sie denn über mich wissen?»

«Also, zunächst ...» Studienrätin Diemann holt Luft. «Also, ich bin ja noch im Kaiserreich geboren, aber die Zeit ist mir doch fremd. Könnten Sie mir erzählen, wie alles anfing? Damals, als Sie eine junge Lehrerin in Berlin waren?»

«Nun ja, da gibt es nicht viel Interessantes. Zunächst kam ich mit 24 Jahren als Lehrerin für Mädchen an die Crain'sche Anstalt, eine höhere Mädchenschule. Die männlichen Lehrer haben damals mit allen Mitteln versucht, die Lehrerinnen aus den verantwortungsvollen Positionen herauszuhalten. Wir waren schlechter ausgebildet, schlechter bezahlt, sollten keine oberen Klassen unterrichten. Im Grunde waren wir Lehrergehilfinnen.»

«Was für eine Zumutung!»

«Und ob. Die Schule war damals deswegen ein so entscheidender Kampfplatz, weil Lehrerin der einzige Beruf war, den ein bürgerliches junges Mädchen ergreifen konnte, wenn es nicht heiratete.»

«Wie stand es denn mit den Bildungsinhalten?»

«Die waren oft ein Ärgernis. Ich habe immer besonders gern Deutsch unterrichtet, aber damals wurden in den Klassikerausgaben für Mädchen bedenkliche Stellen gestrichen und durch Verse von zweifelhafter Klassizität ersetzt. Die Auswahl der Texte in den Lehrbüchern diente allerlei tendenziösen Nebenzwecken, zum Beispiel der Verherrlichung hauswirtschaftlicher Tugenden. Ich habe mir dann mein eigenes Material zusammengesucht.»

Diemann lacht. «Solche Bücher haben wir heute immer noch. Ich benutze sie in meinem Unterricht auch nicht.» Sie nestelt an ihrer Tasche. «Darf ich rauchen?» Die junge Frau zückt eine Packung Zigaretten. Helene nickt. Gertrud raucht auch, es stört sie nicht.

«Nach vier Jahren wurde mir von Lucie Crain die Leitung des Lehrerinnenseminars übertragen. Da hatte ich plötzlich mit erwachsenen Frauen zu tun, die tatsächlich eine Bildung anstrebten, die sie zur Berufstätigkeit befähigte. Höhere Töchter, aber welche mit Zielen.»

«Es mussten ja auch immer mehr Frauen ihr eigenes Geld verdienen.»

«Das stimmt, die wirtschaftliche Notwendigkeit hat uns in die Hände gespielt. Es gab ja praktisch keine angemessene Ausbildung. Schritt für Schritt mussten wir diesen Weg bahnen. Zuerst, indem wir den Mädchen Zugang zum Abitur verschafften – ich habe dazu in Schöneberg die ersten Realkurse ins Leben gerufen, mit denen meine Schülerinnen als Externe die Reifeprüfung am Gymnasium ablegen konnten. Gleichzeitig kämpften wir für eine angemessene, akademische Lehrerinnenausbildung – denn die gab es ja nicht.»

Diemann zieht an ihrer Zigarette und stößt den Rauch

aus. «Und deswegen haben Sie die gelbe Broschüre geschrieben.»

Helene nickt. «1887. Wir hatten erfahren, dass Kronprinz Friedrich schwer erkrankt war, und wollten in unserer Sache eilig einen Vorstoß unternehmen. Deswegen richteten wir eine Petition ans preußische Abgeordnetenhaus. Ich schrieb die Begleitschrift dazu, die sogenannte gelbe Broschüre. Was gab das für einen Aufruhr! Dabei stand im Grunde nur darin, dass Mädchen um ihrer selbst willen und nicht um der Männer willen ausgebildet werden sollten, und zwar von Frauen.»

«Aber vor allem die Lehrerverbände sind Sturm gelaufen. Das muss unangenehm gewesen sein.»

Helene schnaubt. «Es hat eine Zeit gedauert, bis wir die Herren davon überzeugt hatten, dass Mädchen auch von Frauen erzogen werden müssen. Wenn wir es weiterhin Männern überlassen hätten, unsere Mädchen auszubilden, wären sie auf ewig mit oberflächlichem Wissen abgespeist worden, auf dem man kein selbstständiges Denken aufbauen konnte. Es war eine Bildung, die innerlich haltlos und unselbstständig machte. Die Mädchen sollten ihre späteren Gatten nicht langweilen – zu mehr sollte dieses Wissen nicht taugen.»

«Über die gelbe Broschüre wird es in den Quellenheften natürlich einen gesonderten Beitrag geben. Die Petition ist im Parlament aber ja leider nicht einmal behandelt worden.» Diemann bläst den Rauch aus und sieht ihr neugierig ins Gesicht.

Will sie wissen, ob Helene mit Niederlagen umgehen kann? Wo stünde sie, wenn sie es nicht könnte? «Natürlich. Die Arroganz der Parlamentarier der Frauenfrage gegenüber war damals noch gang und gäbe. Die Presse allerdings reagierte in weiten Teilen zustimmend, die Schrift bekam viel Aufmerksamkeit. Die Missstände in der Mädchenbildung waren ja im allgemeinen Bewusstsein angekommen. Und so haben wir 1890 den Allgemeinen Deutschen Lehrerinnenverein gegründet. Kaiserin Friedrich persönlich hat den Verein mit einem Telegramm begrüßt.»

«Kaiserin Friedrich! Wie schade, dass sie nur neunundneunzig Tage Kaiserin war! Sie kannten sie gut, nicht wahr?»

Helene nickt. «Als sie 1888 Kaiserin wurde, ließ sie mich zu sich nach Charlottenburg kommen. Ihrer Initiative unter anderem verdankt sich die gelbe Broschüre. Als englische Prinzessin konnte sie nicht akzeptieren, dass wir in der Mädchenausbildung so zurücklagen. Sie hatte ja schon 1877 hier in Berlin nach englischem Vorbild das Viktorialyzeum für Mädchen gegründet.»

«Sie wurden ins Schloss eingeladen?»

Helene muss über Diemanns unverblümte Neugierde lächeln. «Ja, nach Charlottenburg. Die Kaiserin saß strickend am Kamin, ganz normal, offen und ruhig, wir unterhielten uns und schmiedeten Pläne. Nachdem wir die Petition eingereicht hatten, schickte sie mich zu Studienzwecken nach England.» Helene hält kurz inne, der Gedanke an die hohe Frau, die ihr so etwas wie eine Vertraute wurde, bewegt sie. Viktoria ist längst gestorben. Was für eine Chance auf gesellschaftlichen Fortschritt es für dieses Land bedeutet hätte, wenn Kaiser Friedrich länger gelebt hätte. «In England war die Frauenbildung ja schon viel weiter gediehen als bei uns, und ich sollte mir alles ansehen und zum Vorbild nehmen.»

«Sie sind einfach ohne Begleitung gefahren, ohne Familie vor Ort?»

«Die Princess Royal hat mir durch ihre Beziehungen alle Türen geöffnet. Ich war vom internationalen Vergleich zugleich beschwingt und ernüchtert. In allen kulturell hochstehenden Nationen hatten sich die Universitäten den Frauen geöffnet, nur bei uns nicht. Es schien mir an der Zeit, vom Petitionieren zum Handeln überzugehen.»

«Aber dann ist Kaiser Friedrich nach nur neunundneunzig Tagen Regentschaft gestorben. Und allen liberalen Bestrebungen wurde ein Ende gesetzt.»

Helene wird allmählich müde. Das Kind weiß ohnehin schon alles. Sie möchte es nur aus erster Hand bestätigt bekommen. Sie wird ihr noch ein persönliches Erlebnis mitgeben und sie dann nach Hause schicken. «Allerdings. Ich war noch in England, als ich davon erfuhr. Bei meiner Rückkehr nach Berlin fand ich eine Depesche vor, die mich nach Potsdam rief. Die Kaiserin, die mich so hoffnungsfroh in die Welt entsandt hatte, streckte mir tränenüberströmt beide Hände entgegen. ‹Ich habe keinen Einfluss mehr›, sagte sie, und ich wusste, dass sie recht hatte.»

Diemann nickt erschüttert. «Alles kam zum Erliegen.»

«Für einige Jahre, ja. Die Kaiserin hat einmal zu mir gesagt: ‹Die Kultur ist eine Blüte, die nur in der Freiheit gedeiht›, doch wir wurden zum Militär- und Polizeistaat. Es gab keine Freiheit mehr. Die Kaiserin wurde von ihrem Sohn schändlich behandelt, aber ich habe sie in den nächsten Jahren viel sehen dürfen. Ich war sogar bei den Zivtrauungen zweier ihrer Töchter im Palais zugegen.»

Diemanns Lippen formen ein großen O. Dann seufzt sie. «Es ist ein Jammer. Kaiser Wilhelms Militarismus und seine Kulturfeindlichkeit haben uns den Weltkrieg beschert. Davon werden wir uns wohl nie erholen.»

Einen solchen Kummer möchte Helene nicht mit dieser Unbekannten besprechen. «Mein liebes Kind, ich bin müde.

Lassen Sie mir Ihre Themenliste für die Beiträge da, ich werde mich mit Frau Dr. Bäumer beraten, wer aus unseren Reihen etwas davon übernehmen kann. Wollen wir so verbleiben?»

Hastig schiebt die junge Frau ihre Blätter zusammen und lässt nur ihre Liste auf dem Tisch liegen. «Natürlich. Vielen Dank, dass Sie mich empfangen und mit mir gesprochen haben.»

Helene steht auf. «Sie sind bei uns herzlich willkommen. Wir unterstützen Ihr Projekt.»

Sie geleitet die junge Lehrerin hinaus und schließt die Tür hinter ihr. Etwas fremd sind sie ihr schon, diese modernen jungen Frauen mit ihren kurzen Haaren und Röcken. Sie gehören zu derselben Generation, die gerade einen Aufstand anzettelt gegen die Einrichtung von Prüfstellen für Schund- und Schmutzschriften zum Schutz der Jugend. Gertrud hat solchen Ärger damit. Was sollen denn solche Kontrollen mit der Kunstfreiheit zu tun haben? Kunst ist etwas Erhabenes, Vergeistigtes, nicht in einen Topf zu werfen mit Schund und Schmutz.

Helene muss sich jetzt hinlegen, sonst fehlt ihr die Kraft für Gorsemanns Besuch am Nachmittag. Der Bildhauer und Freund ist bei der Anfertigung ihrer Büste für das Foyer von Emmys Hamburger Schule in den letzten Zügen. Der «Aushauer» soll nun mit der Arbeit beginnen, er braucht dafür wohl volle sechs Wochen, deshalb muss alles stimmen. Gorsemann will einen letzten Abgleich, bevor sein Werk in die Fertigung geht.

Als sie im Bett liegt, macht sich die vor wenigen Tagen diagnostizierte Trübung ihrer Linse eigenartig bemerkbar. Meist verschwimmen nur die Buchstaben vor ihren Augen, manchmal sieht sie einen Teil der Schrift schwächer doppelt. Doch jetzt schiebt sich ein weißer Nebelschwaden seitlich in ihr Gesichtsfeld. Er hängt dort, unscharf und zerfasert. Helene kneift die Augen zu und öffnet sie wieder, doch er lässt sich nicht wegblinzeln. Die Urschel, denkt sie. Ein leiser Schauer läuft ihr über den Rücken. Schnell schließt sie die Augen, damit es dunkel wird.

HELENE

Eningen
Februar 1865

«Irgendwann müssen sich die Universitäten für uns öffnen. Es ist nicht richtig, dass wir ausgeschlossen bleiben.» Helene stand mit von der Kälte geröteten Wangen in der Stube und berichtete der Tante von ihrem Ausflug nach Tübingen. Ihr lag viel an der Meinung dieser gebildeten, freundlichen, immer zurückhaltenden Frau. Sie hätte für ihre Anliegen so gern ihre Billigung gehabt.

«Lass deine Frauenrechtelei bloß nicht den Onkel hören», sagte die Tante gutmütig lachend. Auch Friederike, die mit roter Nase und einem rasselnden Husten wieder in die Stube zurückgekehrt war, kicherte in sich hinein. «Das wäre was, Frauen in den Seminaren!», krächzte sie.

«Helenes Forderung liegt in der Luft, im Ausland wird viel darüber gesprochen», mischte sich Pfleiderer aus seiner Sofaecke ein. Er schmauchte seine Pfeife. «Doch es gibt Befürchtungen, dass solch kräftezehrende geistige Anstrengungen junge Frauen überfordern könnten.»

«Vielleicht könnte man die robusteren ja einmal versuchsweise zulassen», erwiderte Helene. «Müssten wir nicht selbst spüren, wenn etwas unsere Kräfte übersteigt?»

«Ich bin der Ansicht, dass es durchaus junge Frauen gibt, die das Zeug zu vertieften Studien haben», sagte Pfleiderer. «Leider fehlt es oft an den Voraussetzungen. Die Schulen bereiten euch nicht auf eine akademische Laufbahn vor.»

Helene sah ihn an und nickte. Es tat gut, dass er sie ernst nahm. Und es stand außer Frage, dass er recht hatte. Sie konnte den philosophischen Gesprächen der Männer nur mit Mühe folgen, weil ihr einfach das Verständnis der Begriffe fehlte, die sie benutzten. Sie hatte allenfalls eine vage Vorstellung davon, was sie bedeuten könnten. Andererseits war sie sich sicher, dass sie mitkäme, wenn ihr nicht die Grundlagen fehlten. Nur, wie sollte man die erlangen, wenn ihre Fragen nur oberflächlich und unwillig beantwortet wurden und außerdem grundsätzlich nicht gerne gesehen wurde, dass sie überhaupt das Wort ergriff?

Onkel Max war in seinem Amtszimmer verschwunden, er brachte Gedanken für eine neue Schrift zu Papier. «Die Ausflüge nach Tübingen rufen immer seine schriftstellerischen Leidenschaften wach», hatte Marie Helene auf der Treppe zugeraunt. «Wahrscheinlich erinnern sie ihn an seine Jugendjahre dort, als er noch Gedichte geschrieben hat und Erzählungen.»

In der Kaufmannswelt des pragmatischen Wissens, in der Helene aufgewachsen war, hatten Künste und Wissenschaft nur wenig Platz gehabt. Hier war das anders, und es war spürbar, wie sehr die Beschäftigung mit spirituellen Fragen und höheren Bildungsgütern die Menschen erfüllte.

Dass sie selbst nicht Teil dieser geistigen Welt sein konnte, schmerzte Helene. Frauen sollten in der bürgerlichen Gesellschaft, in die von hier aus Impulse ausgingen, keine geistige Rolle spielen.

Mit einer gewissen Herablassung plauderte man beim Pfarrkränzchen mit den Damen über Organisatorisches oder Einzelschicksale aus der Gemeinde, doch nach kurzer Zeit teilte sich die Gesellschaft wie das Meer. Die einflussreichen Männer des Ortes hüllten sich in Rauchschwaden und besprachen das Entscheidende unter sich, während sich die Frauen unten in der Küche oder im Garten noch deutlich lebhafter über die intimeren Einzelheiten des Dorflebens ausließen.

Dass Helene dabei in letzter Zeit öfter gehässige Bemerkungen über Marie aufgeschnappt hatte, die von ihrem Verehrer wohl «fallen gelassen» worden sei, hatte sie mit Wut auf Ludwig Ehrenwirth, aber auch mit Erleichterung erfüllt. Umso mehr verwirrten sie die Ereignisse des heutigen Tages. Was war zwischen Marie und Ludwig vorgefallen? Ihre Freundin saß drüben am Tisch und starrte mit verklärtem Blick in die Kerzenflamme. Sie sah aus wie eine Madonna, in sich gekehrt und voll tiefen Glücks. Helene musste wissen, ob dieser Mensch das Herz ihrer Freundin erneut in Gefahr brachte.

«Ludwig Ehrenwirth ist heute überraschend zu uns gestoßen», sagte Helene deswegen laut und sah dabei Friederike an. Diese erschrak merklich und blickte schnell zu Boden. Sie wusste also auch von der Geschichte mit Alwine!

«Wie nett», entgegnete die Tante. «Geht es ihm gut? Wo habt ihr ihn denn getroffen?»

«Er hat uns den ganzen Tag begleitet», drang plötzlich Maries klare Stimme vom Tisch herüber. Sie sah ihre Mutter durchdringend, beinahe trotzig an.

«Wie nett», wiederholte die Tante und kramte dann in ihrem Nähkorb nach einem neuen Garn.

Maries Miene bewölkte sich, sie erhob sich und verließ abrupt das Zimmer. Helene war gleichzeitig verwundert und konsterniert. Woher kam diese plötzliche Heftigkeit? Konnte ihr Verhalten mit dem Gespräch beim gestrigen Mittagessen zusammenhängen, in dem ihre Eltern ihr mitgeteilt hatten, dass sie Maries schnelle Verheiratung nicht wünschten? Helene hatte gar nicht gewusst, dass Marie zu so etwas wie Groll imstande war.

Sie stand ebenfalls auf. «Ich gehe auch schlafen. Es war ein langer Tag.»

Als sie in ihr gemeinsames Zimmer kam, stand Marie am Fenster und blickte hinaus in den dunklen Garten. Die Nacht war sternlos, drüben am Albtrauf hingen trübe Nebelschwaden. In der Dunkelheit war ihre schlanke Gestalt nur schemenhaft auszumachen. «Manchmal weiß ich, wie sich die Urschel fühlen muss», sagte Marie leise. «Eingesperrt in den dunklen Ursulaberg, mit all ihrem Gold, aber ohne Freiheit. Und keiner kommt, um sie zu erlösen.»

Helene schwieg. Auf welche Erlösung wartete Marie?

Diese wandte sich um. «Ludwig hat mit heute seine Gefühle offenbart.»

Ein Ring legte sich um Helenes Brust. «Was hat er gesagt?»

«Ich liege ihm am Herzen. Er hat gesagt, er braucht mich, weil ich ihm Frieden schenke.»

Helene ließ sich auf ihr Bett sinken und nahm den Schal ab. Sollte sie es ihr sagen? Sollte sie ihrer Freundin sagen, was Ludwig offenbar noch dringender gebraucht hatte als Frieden, als er vor drei Monaten das letzte Mal hier gewesen war?

Mit Unbehagen dachte Helene an den Abend zurück. Nach dem Schlittschuhlaufen hatte sie ihre nassen Füße zuerst gar nicht beachtet, dann aber war sie nach dem ersten Lied des Konzerts doch nach oben gelaufen, um sich trockene Strümpfe anzuziehen. Als sie hastig wieder aus ihrem Zimmer treten wollte, öffnete sich ein Stück den Flur hinunter Alwines Tür. Es kam jedoch nicht Alwine, sondern Ludwig heraus. Er knöpfte sich das Wams zu und strich sich das zerraufte Haar glatt.

Hastig machte Helene einen Schritt rückwärts und zog ihre Tür wieder zu. Mit klopfendem Herzen wartete sie, bis seine Schritte die Treppe hinunter verklungen waren. Wenig später folgten leisere, schnellere Schritte. Helene trat aus ihrem Zimmer und sah Alwine nach, die ebenfalls nach unten in die Wohnräume ging.

Es war kaum auszuhalten gewesen, wie die beiden danach den ganzen Abend über zusammen sangen und poussierten. Ihr war beinahe vom Zusehen übel geworden. Seine Gasteltern so zu hintergehen! Marie so zu demütigen! Helene war Alwine, der sie nie besonders nahegestanden hatte, bis zu deren Abreise ausgewichen, sie hatte ihr kaum mehr in die Augen sehen können. Dass Ludwig sich vor Scham nicht mehr blicken ließ, war ihr nur folgerichtig erschienen.

Doch nun besaß er tatsächlich die Dreistigkeit, sich wieder an Marie heranzupirschen! Worauf hatte er es wohl bei ihr abgesehen? Wozu «brauchte» er sie wirklich?

«Brauchst du ihn denn auch?», fragte sie nun knapp.

Marie sah ihr in die Augen. «Weißt du, vor ein paar Tagen hätte ich Nein gesagt. Aber jetzt – ich glaube, ja. Ja, ich brauche ihn.»

«Wozu?»

«Eine Frau wird erst gehört, wenn sie heiratet. Bis dahin bin ich ein Niemand im Haus meiner Eltern. Du siehst es doch.»

«Aber Heiraten ist nicht die Lösung! Schau dir Luise Kittel an ...»

«Nein, Helene.» Marie schüttelte den Kopf. Sie war auf einmal so viel energischer. «Ludwig ist ein ehrbarer Mann, und er liebt mich. Zumindest wird er mich lieben. Und er möchte mich als Ratgeberin. Er hat mir angeboten, mir etwas beizubringen, so wie Max dir. Er will mich unterstützen. Vielleicht ...» Sie unterbrach sich, blickte zu Boden, kniete sich nieder und schnürte ihre Schuhe auf. «Vielleicht wäre er ja sogar einverstanden, wenn ich eine Sammlung schwäbischer Märchen aufschriebe. Wie du gesagt hast.» Sie sah zu Helene auf. «Ich meine, Emilie Uhland schreibt eine Biografie! Die Wildermuth schreibt Geschichten!»

Helene hatte ebenfalls ihre Schuhe ausgezogen und rollte sich nun die langen Strümpfe von den Beinen. «Du glaubst, er könnte dich dabei unterstützen?»

«Das hat er gesagt!» Erregt stand Marie auf, ließ sich neben Helene aufs Bett fallen und legte ihr die Hand aufs Knie. «Stell dir vor! Er wird mich alles lehren, was ich dazu wissen muss!»

Maries schmale Hand auf Helenes Knie strahlte Hitze aus. Aus Maries Haar stieg ein frischer Duft auf. «Hm. Das klingt gut.» Helene stand auf und drehte sich um. «Machst du mir die Knöpfe auf?»

Marie erhob sich ebenfalls und half Helene, das schwere Kleid aus Wollstoff am Rücken zu öffnen. Dann drehte sie sich selbst um, damit Helene dasselbe für sie tun konnte. Sie brauchte lange, um all die kleinen Knöpfe Maries geschwungenen Rücken hinunter zu öffnen, und genoss den Moment der Nähe. So musste es also sein, eine Schwester zu haben! Die Mädchen wandten einander die Rücken zu, schlüpften aus ihren Kleidern und der Unterwäsche und zogen sich die langen Nachthemden über die Köpfe.

«Kannst du ihm vertrauen?», fragte Helene, während sie ihren Dutt löste.

«Welche Wahl habe ich, Helene?»

Die gepresste Stimme ihrer Freundin veranlasste Helene dazu, sich schnell umzudrehen. Marie knotete mit finsterem Gesicht das Band ihres Nachthemdes unter dem Kinn zu.

«Weißt du, ich dachte immer ... man sorgt hier schon für mich. Ich dachte: Man will das Beste für mich. Aber Vater hat es ja gesagt: Ich bin hier, um Mutter zu helfen. Wie es mir dabei geht, interessiert ihn gar nicht. Man fragt eine Kuh ja auch nicht, ob sie gerne Milch gibt. Ich bin nicht dazu ausersehen, eine eigene Meinung und eigene Wünsche zu haben. Ich habe aber Wünsche! Das ist mir klar geworden.»

Helene staunte. Und sie hatte ihre sanfte Freundin für ein ausgeglichenes, anspruchsloses Mädchen gehalten! «Als ich hier ankam, war ich zuerst erschrocken darüber, wie wenig Frauen bei euch gelten», antwortete sie. «Bei uns zu Hause verschleiert man die Unterschiede zwischen den Geschlechtern mehr. Mein Vater hat sie gar nicht besonders stark wahrgenommen, glaube ich. Aber hier – dass wir nicht sprechen dürfen, sobald es um ernste Themen geht! Dass wir still dasitzen müssen!»

«So will es eben die Tradition. Früher sind Mädchen ja kaum zur Schule gegangen, und es gab einfach keine Frau, die bei einer gebildeten Unterhaltung mitreden konnte.» Marie wickelte sich in ihre Decke und kam damit zu Helenes Bett herüber. Das hatte sie noch nie getan. «Mutter akzeptiert es so. Sie weiß viel mehr, als sie zu erkennen gibt. Trotzdem bewundert sie Vater, hält seinen Verstand für überlegen und sieht sich als seine Beschützerin.»

Helene zog ebenfalls ihre Decke um sich und setzte sich ihrer Freundin im Schneidersitz gegenüber. «Was beschützt sie denn?»

«Seine Gefühle. Sie schützt ihn vor seinem eigenen Eifer, seinem Ehrgeiz. Und auch vor den Leuten.»

«Das meint Ludwig also mit Ratgeberin.»

Marie nickte. «Ich denke schon.»

«Aber die Anerkennung, die deine Mutter dafür bekommt – und dein Vater liebt sie ja wirklich sehr, das sieht jeder! –, die führt nicht dazu, dass sie freier ist als andere Frauen.»

«Sie ist glücklich.»

«Weil sie euch Kinder hat vielleicht.»

«Vielleicht.»

«Glaubst du, es ist möglich, glücklich zu werden, ohne Kinder zu haben?» Helene fragte sich das oft. Eine Mutter kümmerte sich selbstlos um andere – das schien ihr eine äußerst erstrebenswerte Charaktereigenschaft zu sein. Durch ihre Fürsorge für andere konnten Frauen auf die Welt um sie herum einwirken, sie ein Stück besser machen. Dafür wurde ihnen Respekt gezollt. Gleichzeitig aber war eine Mutter unfrei, so begraben unter all ihren Aufgaben. Musste man, um Einfluss nehmen zu können, mütterlich sein?

«Mutter zu werden, liegt in unserer Natur, denke ich. Ich hätte jedenfalls gerne Kinder», antwortete Marie.

Sie saßen noch eine Weile nebeneinander und sprachen über die Zukunft. Vielleicht ging es wirklich einfach nur darum, den *richtigen* Mann zu finden? Schließlich knieten sie sich, wie jeden Abend, vor ihre Betten, beteten, löschten die Kerze und gingen schlafen.

Ganz zart begann der Frühling, sich zu regen. Zwar war es noch kühl, aber die Pflanzen trieben aus, alles war von hellem Grün überhaucht. An einem Morgen, an dem früh noch Eisblumen auf den Scheiben rankten, kam kurz nach dem Frühstück die Arztfrau Lotterer mit der Nachricht, dass Luise Kittel in der Nacht verstorben sei.

Helene, die gerade mit Anna in der Küche eine Linsensuppe zubereitet hatte, band sich die Schürze ab und ging hinaus in den Garten. Sie hatte damit gerechnet, doch nun schwappte Trauer über sie wie kaltes Wasser. Es war ein allzu bekanntes Gefühl, das ihr die Luft nahm. Der Verlust lieber Menschen begleitete sie auf Schritt und Tritt, nun auch hierher. Sie lehnte Trost suchend die Stirn an den Stamm der Buche. Ihre Eltern fehlten ihr, vor allem ihr Vater. Sie wollte nicht allein im Leben stehen. Sie wollte in keiner so ausweglosen Lage enden wie Luise Kittel.

Mit Beklommenheit und Bewunderung verfolgte sie, wie die Tante mit einigen wenigen Anordnungen die Beerdigung und die Versorgung der Kinder organisierte. Dann nahm Adelgunde ihr Tuch und machte sich auf den Weg, um den Kleinen persönlich beizustehen. Helene erwog, sie zu fragen, ob sie mitkommen solle, doch sie brachte es nicht über sich. Das Schicksal dieser Familie schnürte ihr die Kehle zu.

Luise Kittel wurde zwei Tage nach Ostern beerdigt. Dem Sarg auf dem Weg zum Friedhof folgten lediglich Luises Kinder und ein Häuflein Frauen. Selbst Luises Mutter war schon zu hinfällig, um der Beerdigung beizuwohnen. Von Martin Kittel hatte man vernommen, er sei auf dem Weg nach Hause. In Helenes Trübsal mischte sich Wut. Luise hätte ein Abschied zugestanden, in dem ihre Verdienste hervorgehoben wurden, ihre Talente und ihre Tapferkeit. Bei ihrem eigenen Tod, das schwor sie sich, sollte man merken, dass sie Spuren hinterlassen hatte. Sie würde nicht als bedauernswerter Pechvogel begraben werden, welcher den Umständen zum Opfer gefallen war, sondern als eine Frau, die ebendiese Umstände nicht hingenommen hatte. Umstände, die eine Hälfte der Menschen der anderen Hälfte wehrlos auslieferte, konnte man nicht hinnehmen. Sie ging im Nieselregen hinter den anderen her und wischte sich wütende Tränen vom Gesicht.

Die düsteren Gedanken wurden gleich am nächsten Wochenende zerstreut, als Max mit zwei Studienkollegen zu Besuch kam. Natürlich war auch Ludwig mit von der Partie und strebte erst scheu, dann immer selbstverständlicher an Maries Seite. Helene ließ die beiden nicht aus den Augen, die, sobald sich die Gelegenheit bot, sofort in angeregten Gesprächen versanken. Mit Maries Märchenherrlichkeit konnte Ludwig offenbar etwas anfangen. Abends im Bett las ihre Freundin bei Kerzenschein mit glänzenden Augen in dem Hauff'schen Märchen-Almanach, den er ihr mitgebracht hatte.

«Der Wilhelm Hauff!», hatte Onkel Max erfreut gedröhnt und das Büchlein in die Hand genommen. «Ein Bundesbruder auch er! Er war nur sechs Jahre älter als ich, als junger Bursche habe ich ihn noch kennengelernt, bevor das Nervenfieber ihn hingerafft hat.»

Prompt wurde zum Gedenken an den berühmten Tübinger Germanen am Sonntag unter Führung des Onkels mit der Postkutsche von Reutlingen aus ein Ausflug zur Burg Lichtenstein unternommen. Außer der Tante waren alle Bewohner und Gäste des Hauses mit von der Partie. Wilhelm Hauffs Roman «Lichtenstein» hatte Graf Wilhelm von Württemberg bekanntlich dazu veranlasst, in den 1840er-Jahren auf der Schwäbischen Alb eine dem Mittelalter nachempfundene Burg zu bauen, die nun in neugotischer Pracht auf einer hohen Felsnadel aufragte. Es habe dafür, erzählte Onkel Max während des Aufstiegs von Honau aus, das Forsthaus abgerissen werden müssen, das zuvor auf dem Felsen gestanden hatte. Er selbst sei als junger Mann Hofmeister des Uracher Oberförsters Graf von Mandelsloe gewesen, als dieser mit dem Grafen über den Erwerb jenes Forsthauses verhandelt habe. «Und als ich dann Pfarrverweser in Honau geworden bin», der Onkel atmete schwer, «habe ich den Abriss beobachten können.» Der Weg führte im Zickzack durch den noch fast kahlen Buchenwald steil bergan. «Eine glückliche Zeit. In diesen Monaten ist mir das Schicksal in Gestalt meiner lieben Frau begegnet.»

«Du hast Tante Adelgunde in deiner Zeit in Honau kennengelernt?», fragte Helene neugierig nach.

Der Onkel nickte keuchend. «Sie war die Tochter des Pfarrers in Betzingen – meines Nachbarn, sozusagen.»

«Dann seid ihr beide Burg Lichtenstein besonders verbunden?»

«Das kann man so sagen. Jedenfalls habe ich mich schon vor ihrem Bau für die Burg eingesetzt. Ich war von Hauffs Roman ja ebenso begeistert wie der Graf.»

Bevor Helene weitere Fragen stellen konnte, schloss Ludwig zu Onkel Max auf und verwickelte ihn in ein Gespräch über die Burg. Wie selbstverständlich war damit Helenes Gespräch mit dem Onkel beendet. Missmutig überließ sie Ludwig das Feld und gesellte sich an Maries und Friederikes Seite.

Ludwig reagierte mit äußerstem Interesse und großer Lebhaftigkeit auf alles, was der Onkel sagte. Vielleicht wollte er sich bei seinem zukünftigen Schwiegervater einschmeicheln. Marie betrachtete denn auch wohlgefällig die beiden lodengrünen Rücken vor sich und lächelte still vor sich hin. Helene nahm es mit einem Stirnrunzeln zur Kenntnis, besann sich eines Besseren und ließ sich noch ein Stück weiter zu Max und dessen Studienfreund Müller zurückfallen.

«Was hat dein Schiller-Seminar Neues ergeben?», fragte sie Maries Bruder.

Max lachte. «Der Schiller hat es dir wirklich angetan! Müller, Helene versucht sich an einer Analyse von Schillers Frauenfiguren.»

Der spindelige Jüngling neben Max lachte, als hätte dieser einen originellen Witz gemacht. Helene spürte, wie ihr die Zornesröte in die Wangen stieg. Max sah seinen Freund vorwurfsvoll an.

«Schiller selbst hätte darüber nicht gelacht», kommentierte Helene spitz und zitierte ihre Lieblingsstelle aus Maria Stuart: «‹Man kann den Menschen nicht verwehren zu denken, was sie wollen.› Nicht einmal den Frauen.»

«Nun ja. Das natürliche Metier der Frauen ist doch wohl eher das Reich des Gefühls», hielt Müller selbstgefällig dagegen.

«Möglicherweise sind einige Frauen zum Denken ebenso befähigt wie zum Fühlen», entgegnete Helene scharf. «Und manche Männer zum einen so wenig wie zum anderen.» Wenn ältere, verdiente Herren ihr mit diesen lästigen Vorurteilen kamen, musste sie notgedrungen den Mund halten, aber einem Jüngling in ihrem Alter würde sie dergleichen nicht durchgehen lassen, und schon gar nicht dieser dünkelhaften Bohnenstange.

Nun war seinerseits Müller errötet, verbeugte sich kurz angebunden und beschleunigte seine Schritte, um neben Marie und Friederike herzugehen. Max sah Helene stirnrunzelnd an.

«Die Schärfe hätte nicht notgetan.»

«Vielleicht würdest du die Sache anders sehen, wenn du derjenige wärst, der ständig belächelt wird.»

«Niemand belächelt dich, Helene», sagte Max beschwichtigend. «Aber es gibt in unserer Gesellschaft nun einmal natürliche Wirkungsbereiche für Männer und Frauen. Und nur in diesen kommen sie als Menschen voll zur Geltung. Ich habe die ‹Maria Stuart› noch einmal genauer gelesen. Schillers Frauengestalten sind misslungen, sie müssen scheitern, weil sie ihre Weiblichkeit ablegen, um ihre Macht zu sichern.»

«Das erscheint dir nur so, weil du voreingenommen bist. Du bist an machtlose Frauen gewöhnt, die nichts zu sagen haben, sodass es dir unnatürlich vorkommt, wenn weibliche Figuren politische Entscheidungen treffen und Einfluss nehmen. Es ist aber nicht unnatürlich, es sollte vielmehr natürlich sein. ‹Das Weib ist nicht schwach. Es gibt starke Seelen / In dem Geschlecht›, lässt Schiller seine Elisabeth sagen.»

«Das möchte ich auch gar nicht bestreiten.» Max hob beschwichtigend die Hände und lächelte Helene schelmisch an. «Der Himmel sei mir gnädig.»

Sie musste lachen. «Vielleicht schmeichelt es den Männern einfach mehr zu glauben, sie allein wären dazu befähigt, die Geschicke der Nation zu leiten.»

«Oh, Frauen leiten die Geschicke der Nation ebenso, das ist mir schon bewusst», erwiderte Max ernst. «Nur anders. ‹Aber mit sanft überredender Bitte / Führen die Frauen den Scepter der Sitte.›»

Am liebsten hätte Helene die Augen verdreht. «Die Würde der Frauen» gehörte nicht zu ihren Lieblingsgedichten. Flehen und Bitten und Schöntun anstatt klarer Worte. Sie fand, eine solche Forderung schätzte Männer wie Frauen gleichermaßen gering. «Sanftes Bitten liegt mir nicht. Sittlichkeit hingegen schon. Und ich finde im Übrigen, dass ein Mann nicht darauf warten sollte, sich von einer Frau zu sittlichem Handeln ‹überreden› zu lassen.»

Max lachte. «Da hast du sicher recht.»

Konnte sie es wagen? Sie musste es jetzt ansprechen oder nie. «Glaubst du, dass dein Freund Ludwig Maries sittlicher Führung bedarf?»

Max' Gesicht verschloss sich. «Er ist der Sohn eines angesehenen Geistlichen und studiert Theologie. Ich glaube kaum, dass er Marie braucht, um zu wissen, was richtig und falsch ist.»

«Ihm scheint an ihrem Einfluss gelegen.»

Max warf ihr einen befremdeten Blick zu. «Marie ist ein ehrbares Mädchen, das für den Beruf der Pfarrersfrau gut ausgebildet ist. Das ist der Hintergrund, nehme ich an.»

«Richtig, Pfarrerssohn und Pfarrerstochter», rang Helene sich ab. Wie dumm von ihr, Max ihre Zweifel an Ludwig zu offenbaren, immerhin waren die beiden befreundet. Es gab niemanden, mit dem sie ihre Vorbehalte teilen konnte, und es stand ihr auch gar nicht zu, eine Verbindung infrage zu stellen, die Marie selbst wünschte und förderte. Vielleicht war ihr eigener Anspruch an die Menschen zu hoch.

Sie waren an der Zugbrücke angelangt, die über einen tiefen Felsspalt den einzigen Zugang zum Burggelände darstellte. Der württembergische Graf beherbergte in der nagelneuen mittelalterlichen Burg eine ganze Sammlung an Kostbarkeiten, aber da sie sich nicht im Vorhinein Erlaubniskarten hatten besorgen können, begnügten sie sich mit dem spektakulären Blick über die Mauer hinunter in das grüne Honauer Tal, wo sich tief unter ihnen der Fluss Echaz und die Albstraße wanden. Was Helene aber noch viel mehr beeindruckte als der Ausblick und die auf einer Säule thronende Büste Wilhelm Hauffs, war die unweit der Burg gelegene Tropfsteinhöhle.

«Da vorne, seht, das ist das Nebelloch!», rief Richard den Kameraden seines Bruders zu und eilte voraus. «Dort kann man von oben in die riesige Höhle hinunterschauen.» Die jungen Männer legten sich der Reihe nach auf den Bauch und spähten ins Dunkel hinunter, wo ihrem Bekunden zufolge nur wenig zu sehen war. Helene hätte gern selbst einen Blick hineingeworfen, doch natürlich schickte es sich nicht, sich vor dem Onkel und den jungen Männern zu Boden zu werfen.

«Im Winter steigt aus dem Loch oft Nebel auf», erläuterte der Onkel. «Früher, in vorchristlichen Zeiten, haben sich die Menschen davor gefürchtet. Es galt als Verbindung zwischen Unter- und Oberwelt.»

Helene spürte, wie sich die Härchen auf ihren Unterarmen aufrichteten.

«Man dachte, in der Höhle lebten Geister und Dämonen», ergänzte Max, der offenbar wie seine Schwester Gefallen an unheimlichen Märchen fand.

«Ach was, da unten kocht die Urschel», flüsterte Marie Helene zu und kicherte. «Da sitzt sie dann mit ihren Nachtfrauen neben dem Kochtopf und lacht über die Angsthasen oben auf dem Berg.»

«Ich dachte, die Urschel wohnt im Ursulaberg?», fragte Helene betont nüchtern zurück.

Marie stieß sie mit dem Ellenbogen in die Seite. «Die Urschel wohnt, wo sie will.»

Max, der Helene gegenüber auf einmal reservierter war als sonst, hielt sich an seine Studienfreunde und ging mit ihnen voraus zum Höhleneingang, der so breit war, dass ein Wagengespann hindurchgepasst hätte. Sie zogen die eigens eingepackten Kerzen aus ihren Jackentaschen und reichten sie herum.

«An Pfingsten zum Nebelhöhlenfest wird die ganze Höhle mit tausend Fackeln beleuchtet», sagte Max. «Heute müssen wir selbst für Licht sorgen.» Als alle Kerzen brannten, bildeten sie eine Schlange und wanderten im Gänsemarsch in die düstere Höhle hinein. In dem Felsgewölbe gab es hölzerne Wege, Brücken und Treppen, alles sah aus, als hätte hier tatsächlich einmal jemand gewohnt. Es war wie ein Gang in eine riesige natürliche Kathedrale. Die von Fackelrauch geschwärzten Stalagmiten erhoben sich in unzähligen Formen und Gestalten, die hier einem Menschen, dort einem Fabelwesen ähnelten. In der glänzenden, unendlich erscheinenden Tropfsteinhalle wehte Helene etwas Ewiges an. Während die anderen plaudernd weitergingen – Müller dozierte über Gesteinsarten – blieb sie stehen und sah sich um. Sie fühlte sich klein und verloren. Hier war zu spüren, dass eine weitaus höhere, eine weitaus mächtigere Gestaltungsmacht in das Leben hineinwirkte, als einem draußen bei Tageslicht bewusst war.

Plötzlich nahm sie wahr, wie sich eine schmale Hand in die ihre schob. Marie war hinter ihr gegangen und trat nun neben sie. Sie gewahrte die fremde Macht wie Helene auch. Helene lehnte sich zur ihr hinüber, und die tröstliche Wärme ihres Körpers an ihrem Oberarm ließ sie erschauern. Seite an Seite standen sie da und blickten in die Unterwelt hinein.

Wenige Wochen später trieben die Bauern ihre Tiere durch die Eninger Straßen hinauf auf die Albfläche, wo sie das Sommerhalbjahr über weiden sollten. Die Blüten der Obstbäume öffneten sich, Vogelgesang schallte durch das grüne Tal. Maries Geburtstag fiel auf einen Mittwoch im Mai, und zur Feier des Tages gab es ihr Leibgericht, Maultaschen mit viel frischer Petersilie. Helene hatte ihrer Freundin einen riesigen Strauß Wildblumen gepflückt, und zusammen hatten die Mädchen ihr einen stattlichen Kuchen gebacken. Nach dem Essen ging Helene mit Friederike hinauf ins Zimmer. Sie half ihr packen, denn Friederikes Pensionatszeit im Königreich Württemberg war um. Ihr Vater war eingetroffen, um sie nach Bremen heimzuholen, und hatte sich achselzuckend bereit erklärt, vor der Abreise noch Marieles Geburtstag mitzufeiern.

Während sie ihre in Eningen bestickten Tüchlein zusammenlegte, schniefte Friederike leise vor sich hin. «Es war so schön hier!»

«Das ist es! Und du wirst es nie vergessen. Wie wird es jetzt für dich weitergehen?»

Ihre Pensionsschwester sah sie überrascht an. «Na ja, meine Eltern werden mich in die Gesellschaft einführen, und ich werde gut heiraten. Das ist für meine Eltern eine ausgemachte Sache.»

Helene nickte betreten. Hätte sie ebenso arglos geantwortet, wenn ihr Vater noch am Leben wäre? Würde sie dann nicht an dieser einzigen Option zweifeln? Würde sie sich auf die Ehe mit einem wackeren Oldenburger Kaufmann freuen?

Friederike seufzte und fuhr fort: «Ich hoffe nur, dass ich aus Neigung heiraten kann. Mir ist natürlich bewusst, dass die wahre Liebe» – sie verdrehte ihre Augen zur Decke – «nicht jedem vergönnt ist. Aber wir müssen immer darauf hoffen.» Sie legte die Hand auf ihr Herz. «Ich hoffe darauf.»

Das kam Helene wie eine reichlich unsichere Zukunftsplanung vor. Das Beste zu hoffen – das hatte in ihrem Fall schon mehrfach nicht geholfen. Sie nickte Friederike zu. «Ich wünsche dir, dass es so kommt. Trotzdem wäre es schön, wenn wir nicht darauf angewiesen wären, dass wir gut heiraten, oder?»

Die Frage schien Friederike zu überhören. Verträumt knetete sie ihre Hände. «Dem Mariele ist wirklich der Hauptgewinn vor die Füße gekullert. Ein stattlicher Mann, der sie auch noch liebt, was für ein Glück.»

«Meinst du?» Helene war sich da nicht so sicher.

«Ich gönne es ihr ja. Sie wird mit Ludwig ein schönes Leben haben. Man sieht schon jetzt, dass etwas aus ihm wird.»

Helene zögerte. Sie hatten nie über den Zwischenfall im Advent gesprochen. «Weißt du denn ... was zwischen Alwine und ihm ...»

Friederike wandte sich heftig zu ihr um und starrte sie an. «Das müssen wir vergessen! Eine Verirrung. Alwine hat geglaubt, in ihm ihren Seelenverwandten gefunden zu haben. Aber dann ... Wir dürfen nicht davon sprechen. Es geht uns nichts an.»

«Glaubst du das wirklich? Bedeutet das nicht, dass Ludwig ...»

«Männer haben Leidenschaften, von denen wir beide nichts ahnen und auch nichts wissen wollen», fiel Friederike ihr ins Wort. «Alwine wollte offenbar mehr wissen. Wie weit sie dabei gegangen ist, ist ihre Sache. Zum Glück ist es für sie glimpflich ausgegangen, sie hat in Hannover schon einen Verlobten gefunden.»

Helene konnte dafür nichts als Verachtung aufbringen. Ehrlichkeit war für sie die entscheidende menschliche Eigenschaft. «Wo kommen wir hin, wenn jeder und jede irgendwelchen Leidenschaften nachgibt? Es gibt doch Regeln und Prinzipien!»

Friederike zuckte mit den Schultern und wandte sich wieder ihren Tüchern zu. «Die Liebe ist eine Zaubermacht», sagte sie verträumt, und Helene stöhnte leise auf. Von solch romantischem Gewäsch, wie es in den Romanen vorkam, die Friederike ständig las, hielt sie nichts. Es war – unehrlich.

Als die Geburtstagsgesellschaft gerade bei Kaffee und Rhabarberkuchen im Garten saß, spazierte unangekündigter Besuch durch das Tor: Max und Ludwig, Ersterer mit einem bunten

Tuch für die Schwester, Letzterer mit einem in Papier gewickelten Geschenk in der Hand.

Alle Jüngeren jubilierten, doch der Onkel, das nahm Helene aus den Augenwinkeln wahr, machte ein finsteres Gesicht. Er hielt nichts davon, dass sein älterer Sohn seine Seminare schwänzte. Disziplin, Ordnung und Gottesfürchtigkeit, das hatte Helene nun gelernt, standen für ihn über allem. Als Student hatte er zwar Max zufolge auch ein lustiges Leben geführt, er war dafür eigens aus dem Stift ausgezogen und hatte sich in Tübingen ein Zimmer genommen. Die Freizügigkeit, die sein Sohn und dessen Freund mit ihrer eigenmächtigen Entfernung vom Studienort an den Tag legten, konnte er jedoch nicht billigen. Auch Helene vermochte nicht zu verstehen, wie man, wenn man die Gelegenheit hatte zu studieren, lieber Geburtstagsglückwünsche überbringen konnte. Marie hätte sich darüber auch am Wochenende noch gefreut. Doch jetzt strahlte sie über das gesamte Gesicht.

Helene wandte den Blick ab, als Ludwig sich länger als nötig über die Hand ihrer Freundin beugte und seine Lippen darauf drückte. Sie konnte diese Küsserei überhaupt nicht ertragen. Küssen war eine ihr völlig fremde Zuneigungsbekundung. Sie konnte sich nur an ein einziges Mal erinnern, dass ihr Vater sie geküsst hatte, da war sie von einer Reise nach Hause gekommen. Es hatte sie sehr verlegen gemacht, und genauso verlegen machte sie nun die Szene vor ihren Augen.

Ludwigs Geschenk entpuppte sich als kleine Ausgabe von Uhland-Gedichten – nun ja, mäßig originell. Es sei, verkündete er, das Buch, aus dem er bei dem denkwürdigen Mondscheinkränzchen im Herbst vorgetragen und bei dessen Anblick ihm seither stets Maries Bild vor Augen gestanden habe. Er sprach mit peinigend schwärmerischer Stimme – Friederike bekam schon ganz glänzende Augen. Helene verkniff sich ein Grinsen und wechselte einen Blick mit der Tante, die bekümmert wirkte. Es war ja nun auch offensichtlich, dass sich Marie über die Wünsche ihrer Eltern hinwegzusetzen gedachte. Oder konnte nur Helene das Funkeln in ihren Augen sehen?

Sie hätte es berechtigt gefunden, dass Marie ihre eigenen Ziele verfolgte, wenn sie das Ziel, Ludwigs Ehefrau zu werden, nur nicht so fragwürdig gefunden hätte. Sie wünschte, die Tante mit ihrer Menschenkenntnis hätte einmal ausgesprochen, was sie von Ludwig hielt. Vielleicht hatte sie es Marie gegenüber ja getan? Helene holte tief Luft und richtete den Blick mit betonter Unvoreingenommenheit auf den jungen Mann. Er war ansehnlich, das ließ sich nicht bestreiten, mit seinem dunkelblonden Zopf, dem eleganten Tüchlein und den breiten Schultern, doch der seltsame gequetschte schwäbische Dialekt störte sie wirklich etwas. Der Grund für den eigenartigen Zungenschlag sei, dass er «von dr Alb 'ra» käme, hatte die Pfarrmagd Anna einmal erklärt, als Helene ihr von ihren Verständnisproblemen erzählt hatte. Alles in allem war Ludwig eine angemessene Partie für Marie, das war nicht von der Hand zu weisen und wohl auch der Grund, warum Onkel und Tante nicht eingriffen und Ludwigs Werben keinen Einhalt geboten. Oder nahmen sie es gar nicht ernst?

«Lies mir dein liebstes Gedicht daraus vor!», bat Marie gerade mit leicht bebender Stimme. Der von der Baumkrone gefleckte Sonnenschein tanzte auf ihrem dunklen Scheitel. Sie vergrub die Nase in dem von Max geschenkten Tüchlein.

«Unser Mariele», raunte die Krämerin Kreiter gerührt in Helenes Rücken. Sie hatte eine Tafel Schokolade vorbeigebracht und war prompt auf ein Stück Kuchen eingeladen worden. «Immer so ernst, und jetzt schau sie dir an.»

Ludwig schlug umständlich das Buch auf und begann zu lesen. Helene hatte sich gerade zu einem zweiten Stück Geburtstagskuchen verholfen und nicht aufgepasst, aber dann lauschte sie dem Gesäusel doch:

«*So übet auch die Liebe tief und leise*
Im Reich der Geister ihre Wundermacht;
Sie zieht unsichtbar ihre Zauberkreise
Am goldnen Abend, in der Sternennacht;
Sie weckt durch feierlicher Lieder Weise
Verwandte Chöre in der Geister Schacht;
Sie weiß durch stiller Augen Strahl die Seelen
Zu knüpfen und auf ewig zu vermählen.»

Na, das war aber eine deutliche Absichtserklärung. Die konnte niemand missverstehen, und sie wurde von den meisten Anwesenden mit bestätigendem Nicken zur Kenntnis genommen. Der Onkel blickte ausdruckslos vor sich hin und stopfte seine Pfeife, was eine Nachbarin dazu veranlasste, sich vorzubeugen und ihm zuzuraunen: «Guat, dass se oiner nemmt! Früh gefreit hat nie gereut!»

Helene kam es, als sie so über die Verse nachsann, ein wenig unheimlich vor, dass die Liebe in irgendwelchen tiefen Schächten Geister wachrufen sollte – da musste sie gleich wieder an die Nebelhöhle und Maries Urschel denken. Mit der Anrufung höherer Mächte musste man vorsichtig sein. Aber dafür hatten sie eine Schwäche, diese Schwaben. Wie angenehm nüchtern ihr dagegen ihr altes Oldenburg vorkam!

«So, bravo!» Max war aufgesprungen und nahm Ludwig das Buch aus der Hand. «Jetzt lass es gut sein und iss einen Kuchen!»

Der gute Max. Er ertrug die Schmachterei genauso wenig wie Helene. Sie beide passten auch in dieser Hinsicht sehr gut zusammen.

Nach dem Kaffeekränzchen verabschiedeten sich die meisten Gäste, auch Friederikes Vater mahnte zum Aufbruch. Man begleitete die beiden und ihr Gepäck noch zum Gasthof Traube Post, wo die Kutsche nach Reutlingen abfuhr. Sie stellten sich an der Hauptstraße auf und winkten Friederike übermütig mit ihren Taschentüchern nach. Dabei stach Helene Ludwigs Tuch ins Auge, das mit bunten Blumen bestickt war – eigenartig für einen jungen Mann. Hatte nicht Alwine ein ähnliches gehabt?

Als sie wieder nach Hause zurückkehrten, wurde Max vom Onkel in dessen Amtszimmer zitiert. Er ging unwillig, denn es blieb ihnen nur noch etwa eine halbe Stunde – am frühen Abend mussten er und Ludwig nach Tübingen zurückkehren, schließlich hatten sie am nächsten Tag zu ihren Lehrveranstaltungen zu erscheinen. Als Max wieder aus dem Zimmer trat, konnte Helene an seiner betretenen Miene ablesen, dass es eine Standpauke gegeben hatte.

Helene rechnete halb damit, dass Marie ihr abends im gemeinsamen Zimmer ihre Verlobung verkünden würde. Doch ihre Freundin berichtete nur unter Kichern und Seufzen von jedem Wort, das Ludwig ihr an diesem Tag zugeraunt, von jedem Blick, den er ihr zugeworfen hatte. Sie lebte unter seiner Aufmerksamkeit auf wie eine Pflanze, die zuvor unter Dürre gelitten hatte. «Er liebt mich wirklich, Helene! Und dabei habe ich einmal gehört, wie Vater zu Amos gesagt hat: ‹Das Mariele nimmt keiner, die ist zu mürrisch und linkisch!›»

Helene schüttelte den Kopf. «Du bist nur still und nachdenklich. Es ist schön, dass Ludwig das richtig versteht.»

«Er sagt, er möchte mich ausbilden, mich zu sich heraufheben.»

«Wer da wen zu sich heraufhebt, wird sich noch weisen», murmelte Helene.

«Stiller Augen Strahl!», wiederholte Marie den Vers und nahm den Uhland-Band von ihrem Nachttisch. Sie ließ sich damit neben Helene fallen und sah sie treuherzig an. «Weißt du, wenn ich ehrlich bin, werde ich schnell müde, wenn ich Gedichte lese. Wollen wir es zusammen tun?»

Helene verspürte wenig Lust, sich noch mehr Schmachterei zu Gemüte zu führen. Sie konnte nichts damit anfangen, es war ihr fremd und unangenehm. «Ach, es ist schon spät. Wollen wir nicht schlafen gehen?»

«Wir machen uns erst fertig, dann lesen wir. Nur ein bisschen, ja?»

«Na gut.»

Wenig später saß Helene umgezogen ans Kissen gelehnt in ihrem Bett und blätterte lustlos in dem Buch. Marie tauchte prustend aus der Wasserschüssel auf dem Waschtisch auf, trocknete sich das Gesicht ab und sprang dann übermütig neben Helene ins Bett. «Rück ein Stück!» Die Matratze schwankte, als sie ihre kalten Füße unter Helenes Decke schob. «Soll ich lesen oder du?»

Maries Duft stieg Helene in die Nase, ein Geruch nach Blüten, Gras und frischer Luft. Am liebsten hätte sie die Hand ausgestreckt und den dunklen Scheitel berührt, um zu spüren, ob er noch von der Sonne warm war. Die Freundin nahm ihr das Buch aus den Händen. «Ich fange an.»

In Maries lieblicher, klarer Stimme hörte Helene auf einmal einen neuen, tieferen Ton – so voll, dass er als Summen in ihrer Magengrube widerhallte. Die sanfte Stimme ging ihr durch

Mark und Bein, sodass sie die vorgelesenen Worte kaum verstand. Der Ton ging ihr nicht ins Ohr, sondern gleich in jede Faser ihres Körpers. Sie starrte auf den dunklen Zopf, der Marie bis auf die Brust hing, dick und glänzend auf dem dünnen weißen Stoff des Nachtgewands. Ihr war so wunderlich zumute. Jeder ihrer eigenen Atemzüge kam ihr übermäßig laut vor.

«Wie tief er für mich empfinden muss!», sagte Marie gerade versonnen. Dann drücke sie Helene das Buch in die Hand. «Jetzt du!»

Helene musste sich zweimal räuspern, trotzdem klang ihre Stimme belegt. Gerade, als es ihr gelungen war, sich auf ein langatmiges Schlachtengedicht zu konzentrieren, spürte sie, wie sich Maries Kopf an ihre Schulter legte. Ihr Haar kitzelte sie am Hals. Sie geriet ins Stocken. Die schwere Wärme von Maries Körper unter dem dünnen Stoff des Nachthemds griff auf Helene über, ihre Haut glühte. Sie wollte, dass Marie ewig dort an sie gelehnt sitzen bliebe, gleichzeitig musste sie diese beunruhigende Nähe loswerden.

«Ich kann nicht mehr lesen, meine Augen tun weh», sagte sie deshalb.

Maries Kopf hob sich von ihrer Schulter. «O nein, schon wieder! Du hattest diese Schmerzen in letzter Zeit öfter. Dann solltest du dich schonen und weniger lesen.» In ihren dunklen Augen schwamm Sorge.

«Ach, Unsinn. Es liegt sicher am Frühling, da brennen vielen Leuten die Augen.»

«Wenn du meinst.» Marie nahm das Buch wieder an sich und zögerte. Dann reckte sie den Hals und gab Helene einen zarten Kuss auf die Wange, bevor sie in ihr eigenes Bett übersiedelte.

Helene konnte lange nicht schlafen. Sie spürte unablässig

den leichten Druck der weichen Lippen auf ihrer Wange. Das kindliche Vertrauen ihrer Freundin, ihre rückhaltlose Zugewandtheit, erschütterte sie tief. Eine kribbelnde Unruhe in ihrem Bauch ließ sie nicht zur Ruhe kommen.

MARIE

Schussenried
Januar 1927

«Die neuen ‹Schallwellen› sind da!», ruft Alice Mangold in den Aufenthaltsraum hinein. Sofort rucken Köpfe nach oben, Marie lässt die Bluse mit dem Riss im Ärmel sinken, die sie gerade ausbessert. Die Anstaltszeitung ist eine willkommene Abwechslung im Alltag. Die Artikel in den «Schallwellen» treffen zwar nicht immer auf Maries Gegenliebe – während des Krieges hatte sie manchmal das Gefühl, als sollten die Insassen dazu aufgehetzt werden, sich selbst in die Schützengräben zu werfen. Es ist aber auch viel Amüsantes darin zu finden, und mit besonderem Interesse lesen sie und ihre Mitpatientinnen stets die Ankündigungen und Meldungen. Gelegentlich sorgen diese für regelrechte Aufregung.

Marie erinnert sich noch gut, wie sie dem Blatt vor sechzehn Jahren entgeistert entnommen hat, dass eine weibliche Assistenzärztin kommen würde. Sie stand mit einigen Frauen im Hof in der Sonne, die sich fürchterlich ereiferten über diese Tatsache. «I lass me doch id von ama Weib behandla!» Marie konnte es nicht glauben. Eine Frau, die Medizin studiert hatte! Es musste der schiere Neid gewesen sein, der gerade die weiblichen Patienten zu solch heftiger Ablehnung veranlasste. Marie jedenfalls war insgeheim neidisch.

Dr. Malvine Weiß war dann nur kurz in Schussenried, eine junge, fesche Wienerin und Jüdin, die wirklich nicht in das oberschwäbische Dorf passte. Anfangs beobachtete Marie

«D' Fräule Dokter» mit großer Neugierde, ein Wesen aus einer anderen Welt. Fräulein Weiß besaß eine gewisse großstädtische Autorität, aber sie wirkte ganz normal, als sie zum Beispiel einmal für eine wohltätige Sammlung in der Heilanstalt im Namen des Königspaares Blumen verkaufte. Sie hatte ein blasses, weiches Mädchengesicht. Ob sie sich wirklich von den Männern freigemacht hatte? Marie fragte sie einmal, ob sie denn verlobt sei, und Dr. Weiß verneinte einigermaßen abweisend. Danach traute sich Marie nicht mehr, sie anzusprechen.

Wenige Wochen nach ihrem Dienstantritt erschien in den «Schallwellen» ein Gedicht des Redakteurs Uhl. Marie weiß noch den genauen Wortlaut:

Ratsam ist und bleibt es immer
Für ein junges Frauenzimmer,
Einen Mann sich zu erwählen,
und womöglich zu vermählen.
Erstens will es so der Brauch,
Zweitens will man's selber auch.
Drittens man bedarf der Leitung,
Und der männlichen Begleitung.

Das Gedicht war natürlich auf Malvine Weiß gemünzt und traf auf große Belustigung und Zuspruch. Marie machte es zornig. Ratsam? Ratsam sollte es sein, sich einen Mann zu erwählen und sich davon «Leitung» zu erhoffen? Dieses dumme Gerede hatte sie in ihrer Jugend gehört und geglaubt. Immer noch wurden die Mädchen darauf gepolt, ihr Schicksal dem nächstbesten Mann in die Hände zu legen – und diejenigen, bei denen es schiefging, verwahrte man dann eben in Heilanstalten. Es war offenbar eine zu verschmerzende Anzahl.

Marie zieht sich an der Tischkante vom Stuhl hoch. Plötzlich hat sie keine Lust mehr, sich draußen auf dem Flur die neuen «Schallwellen» zu holen. Stattdessen macht sie sich auf den Weg in den Schlafsaal. Es ist ein günstiger Moment. Alle sind beschäftigt, sogar die Wärterinnen blättern neugierig in der Zeitschrift. Es ärgert Marie, dass ihr Rücken so schmerzt, das kommt von dem vielen Liegen vor Weihnachten. Sie ist davon noch immer geschwächt, aber inzwischen ist sie schon wieder verhältnismäßig flink auf den Beinen.

In dem großen Saal, in dem sich Reihen von je zehn Betten gegenüberstehen, ist es gleißend hell. Die Januarsonne strömt durch die verschmierten Fenster herein. Marie tritt an ihr Bett auf der rechten Seite, es ist nicht das direkt vor dem Fenster, aber das zweite davor. Sie sieht sich kurz um und hebt dann die Matratze an.

Hier bewahrt sie das Uhland-Buch auf, das Helene ihr zu Weihnachten geschickt hat. Sie hat aus Furcht vor Oberschwester Mayer nur einmal gewagt, einen Blick hineinzuwerfen. Nun setzt sie sich damit auf die Bettkante und streicht über den braunen, goldgeprägten Ledereinband. Das Buch öffnet sich von selbst auf einer Seite, die offenbar oft aufgeschlagen worden ist. «An K.M.», ist das Gedicht darauf überschrieben.

Marie durchfährt es kalt. Es fühlt sich an, als bohrte sich eine eisige Metallstange neben der Wirbelsäule in ihren Körper. «So übet auch die Liebe tief und leise / Im Reich der Geister ihre Wundermacht», liest sie.

Da ist ein Rauschen in ihren Ohren. Es hört sich an wie ein Laken, das im Wind flattert, nur lauter, geradezu ohrenbetäubend ist es. Bedrohlich.

«Dort in des Stromes wildempörte Wogen / Warf sich ein Jüngling, voll von raschen Gluten, / Doch jene Wallung, die ihn fortgezogen, / Sie muss ihn wieder an das Ufer fluten», liest sie weiter. Das hat er gar nicht vorgetragen, damals beim Mondscheinkränzchen. Wieso nicht? Hat Max ihn davon abgehalten? Wusste er, wie das Gedicht weiterging?

Nun hat sie es vor Augen, das Laken. Es ist weiß, durchscheinend, ein zartes Gewand. Unter dem milchigen Licht der Wintersonne verborgen quillt, das hat Marie vorhin gar nicht bemerkt, Nebel in den Saal. Er hat sich hinter den Strahlen versteckt, hinter dem weißen Leuchten, aber nun ist er hier und breitet sich aus. Er leckt bereits an ihren Füßen. Schnell zieht Marie die Beine an, ein Schreckenslaut entfährt ihr dabei.

Es ist die Urschel. *Nein, hol mich nicht. Ich will nicht zurück in deine dunkle Tiefe!* Dort drüben, unter dem anderen Bett, eine Schlange. Die zweite Gestalt der Urschel. So kalt ist das Grausen, das einen bei ihrem Anblick überfällt. Kein Wunder, dass ihr Reutlinger Retter daran gestorben ist. Marie wäre gern gestorben, aber sie lebt, lebt immer noch, wartet auf Erlösung, aber wer ist ihr Erlöser? Sie hat es einmal gewusst, nun fällt es ihr nicht mehr ein.

Der Nebel steigt, in dicken Schwaden zieht er schleichend von allen Seiten heran und wird dichter, gleich hat er die Bettkante erreicht. Die Urschel holt sie, weil Marie wie sie zum Warten verdammt ist. Sie gehört zu den Nachtfräulein, ihren treuen Begleiterinnen. Marie soll unter die Erde, unter den Berg. Da hilft es auch nicht, dass man sie hier nach Schussenried gebracht hat. Die Urschel findet sie, Marie ist ihr Geschöpf. Sie muss der Urschel bis in alle Ewigkeit als Nachtfräulein dienen.

Hastig greift sie nach dem Buch und liest die letzten Zeilen des Gedichts. «Da sank ich hin, von sanfter Wonne trunken, / Ich sank und bin auf ewig nun versunken.» Hat die Urschel es ihr vorgelesen, oder ist es ihre eigene brüchige Stimme, die diese Worte bebend ausspricht?

«Fräulein Eifert. Da sind Sie ja.» Eine andere Stimme. Marie kennt sie, aber sie interessiert sie nicht. Das Flattern ist zu laut. Das Weiß ist zu grell. Das Grausen wächst.

Denn der Nebel steigt. Er kriecht ihre Hüften herauf und windet sich um ihre Taille. Maries Brust wird eng, sie schnappt nach Luft.

«Fräulein Eifert, was ist mit Ihnen?» Eine Hand packt sie hart am Arm. Marie schreit auf. Die Urschel greift nach ihr. Sie will nicht hinunter in den Berg! Sie schlägt nach der Hand, daraufhin hört sie Schritte, die sich erst entfernen und dann wiederkommen. Die Nachtfräulein sind da, die Urschel hat sie mitgebracht, es sind viele.

Der Nebel ist ihr jetzt über die Augen gekrochen. Maries Herz rast. Sie kann nichts mehr sehen und nichts mehr hören. Doch sie spürt, wie Hände nach ihr greifen. Sie wird über den Boden geschleift, da sind Stimmen, da ist ein Rauschen wie von Wasser. Ist das der Raum mit den Badewannen? Hier muss sie immer liegen, wenn sie sich beruhigen soll, tagelang im trüben Nass.

Die Nachtfräulein reißen ihr das Kleid vom Leib. Ein weißes Gewand, sie bekommt ein weißes Gewand aus Seide. Mehrere verschwommene Gesichter tauchen über ihr auf und starren mit schwarzen Augen in tiefen Höhlen auf sie herab. «So, gleich werden Sie ruhiger.» Sie wird von vielen Händen hochgehoben, etwas Hartes stößt gegen ihren Schenkel, dann spürt sie das Emaille der Wanne unter sich. Lauwarmes Wasser schlägt über ihr zusammen.

Sie ist auf ewig nun versunken.

MARIE

Eningen
Mai 1865

Marie schlug die Decke beiseite, stieg aus dem Bett und streckte sich. Dann warf sie einen Blick aus dem Fenster in den schönen, klaren Morgen hinaus. Die Äste der Buche mit ihren wollig-weißen Blüten ragten bis fast vor ihr Fenster, und sie trat näher an die Scheibe, um die kleinen Kugeln zwischen dem frischen Grün der jungen Blätter besser betrachten zu können.

Da sah sie ihn. Eine Mischung aus Schreck und Freude durchfuhr sie, und sie schlug beide Hände vor den Mund. Hinter dem Haus auf dem Gras stand ein Maibaum. In den Ästen der jungen, hohen Birke flatterten weithin sichtbar bunte Bänder lustig im Wind.

Ein Liebesmaien im Garten galt der Tochter des Hauses. Und da sie selbst einen einzigen Verehrer hatte, konnte er nur von Ludwig stammen.

Helene stützte sich in ihrem Bett auf einen Ellenbogen auf. «Was ist?»

«Ludwig hat mir einen Maien gesteckt», brachte Marie zwischen ihren Fingern hervor. Ein Kichern stieg ihr in die Kehle. Sie wusste nicht, ob sie sich schämen oder freuen sollte. Nun war das gesamte Dorf im Bilde darüber, dass dem Mariele Eifert der Hof gemacht wurde. Sie spürte, wie ihre Wangen heiß wurden.

Helene sah sie verständnislos an.

«Die Burschen zeigen ihren Mädle damit ihre Verehrung», flüsterte Marie.

«Ohne sie vorher zu fragen?»

Marie schüttelte den Kopf. Sie musste hinunter, sich um das Frühstück kümmern. Vater würde nicht erfreut sein über die ungebührliche Aufmerksamkeit für seine Tochter. Bislang hatte er noch kein Machtwort gesprochen, aber Marie fürchtete täglich, er könnte ihr den Umgang mit Max' Freund untersagen.

«Ist es dir recht?», fragte Helene.

Marie antwortete nicht. Sie konnte sich nicht entscheiden, ob sie damit einverstanden war, dass Ludwig seine Verehrung öffentlich gemacht hatte, oder nicht. Zwang er sie damit zu weiteren Schritten, schuldete sie ihm nun etwas?

«Hat er denn jetzt Ansprüche an dich?»

Marie zuckte mit den Schultern. Helene immer mit ihren Fragen! Alles wollte sie ganz genau wissen. Sollte sie doch bei Ludwig selbst herausfinden, wie er die Sache sah.

Schweigend zog Marie sich an und dachte die ganze Zeit darüber nach, ob sie Ludwig nun einen Dankesbrief schreiben musste. Was sollte sie bloß schreiben? Ach, was für eine Aufregung und welches Durcheinander so ein Werben verursachte! Sie fühlte sich geehrt, aber auch überwältigt und eingeschüchtert.

Allerdings gab es durchaus Entwicklungen, die ihr an ihrer neuen Situation gefielen. Zum Beispiel hatte Ludwig sie dazu ermuntert, sich für ihn doch wirklich einmal an der Niederschrift eines Märchens zu versuchen. Sie hatte tatsächlich begonnen, «Die Geschichte der Hexen vom Rangenbergle» zu Papier zu bringen, aber sie war zu oft unterbrochen worden, um weit gekommen zu sein.

Wie recht und billig es sich nun anfühlte, wenn sie sich mit Federhalter und Papier an den Sekretär der Mutter setzte! Sie tat es ja für ihn, nicht für sich. Ohne seinen Zuspruch hätte sie sich nie an eine schriftliche Arbeit gewagt, es wäre ihr vermessen vorgekommen. Ihre Rechtschreibung war nicht ganz sicher, die Schrift jedoch gleichmäßig und schön. Von Richards Geschrei auf der Treppe und dem allgemeinen Kommen und Gehen ließ sie sich nicht ablenken.

Ob Ludwig auch die eigene Ehefrau zum Schreiben ermuntern würde? «Schreibe für mich», hatte er ihr gesagt. «Ich allein will deine Zeilen lesen und deine Gedanken erfahren.» Von Pfleiderer, der mit der Familie Wildermuth in Tübingen bekannt war, wusste sie, dass Ottilie Wildermuth viele Stunden am Tag mit ihrer Korrespondenz und Schriftstellerei verbrachte. Trotzdem war sie Mutter von drei Kindern, kümmerte sich um die Wäsche und das Essen, bewirtete Gäste und begleitete ihren Gemahl bei dessen öffentlichen Funktionen. Es lag auf der Hand, dass ihr Mann ihr alle Freiheiten gestattete. Vater dagegen hielt nichts davon, dass Frauen sich auf einem Gebiet tummelten, das seiner Ansicht nach den Männern vorbehalten war. Andererseits besprach er sich mit Mutter in allen Dingen. Sie durfte ihre reichen Geistesgaben für ihn, mit ihm zusammen entwickeln, aber sie stellte sie in der Öffentlichkeit auch niemals in den Vordergrund. Mutter las viel. Sie war seine beste Beraterin, auch in allen Kirchenangelegenheiten.

Wenn man nur im Vorhinein wüsste, worauf man sich bei einem Mann einließ! Helene hatte schon recht damit, wenn sie mit Verweis auf die arme Luise Kittel mahnte, eine Ehe bedeute keine Sicherheit. Man musste klug wählen, wenn man nicht unglücklich werden oder eine Jungfer bleiben wollte. Auch

Helene mit ihrer Schwarzseherei würde eines Tages den Mut aufbringen müssen, sich zu entscheiden.

Die Küche duftete nach frisch Gebackenem, Anna hatte zur Feier des ersten Mai Wecken gemacht. Gerade kam sie mit einem Büschel von Kräutern aus dem Garten herein. Sie grinste über das ganze Gesicht, als sie Marie erblickte, und sagte: «A Maiele! Do mog de fei oiner!» Für Annas Verhältnisse war das beinahe schon verklärte Zustimmung, Marie hätte eher mit Spott gerechnet. Sie zuckte mit den Schultern und sagte nichts.

Die Stimmung beim Frühstück war angespannt, immer wieder entstanden längere Gesprächspausen. Die Eltern nahmen keinerlei Bezug auf die geschmückte Birke in ihrem Garten, doch Marie wusste, der Maien würde Folgen haben. Nach dem Abräumen des Geschirrs eilte Vater zur Vorbereitung der Maiandacht in die Kirche und Mutter bat Marie, ihr noch kurz bei der Aussaat der Roten Rüben im Garten zu helfen. Ohne auf ihre Tochter zu warten, nahm sie die in der Küche bereitstehende Wasserschüssel, in der das Saatgut einweichte, und ging damit aus der Tür zum Hof. Marie band sich die Gartenschürze um, nahm ihre Gartenhandschuhe und folgte ihr mit gesenktem Kopf. Sie wusste, was nun kommen würde.

«Vater ist ungehalten», sagte ihr Mutter denn auch, sobald Marie sie im Bauerngärtchen neben dem Haus eingeholt hatte.

Marie sah zu Boden und schwieg. Sie hatte Ludwig ermuntert, sicher. Sie hatte es zum Teil aus Trotz getan, dafür hatte sie eine Rüge verdient. Aber was daraus entstanden war – dass Ludwig sie schätzte und förderte und ihr neue Möglichkeiten eröffnete –, war etwas, das sie nicht mehr hergeben wollte.

«Ich weiß, dass es nicht deine Schuld ist. Der junge Ehrenwirth hat sich in den Kopf gesetzt, dich zu umwerben.»

Marie blickte auf. Mutter war nicht böse. Sie sah ihr nur besorgt ins Gesicht.

«Mach dir nur klar, dass er damit auch auf deine guten Beziehungen abzielt. Du bist immerhin Vaters Tochter, Max' Schwester.»

Marie spürte, wie Ärger in ihr aufwallte. «Du meinst also, es geht ihm nicht um mich?»

Mutter seufzte. «Das kann ich nicht sagen. Kannst du es?»

Marie blinzelte in die Sonne. Links von ihr flatterten die Seidenbänder ihres Maibaums vor dem lichten Blau des Äthers.

«Wollt ihr ihn nicht als Schwiegersohn?»

Mutter ließ sich auf die Knie nieder und stellte die Schüssel mit den Keimlingen ab. Dann blickte sie ernst zu Marie auf. «Das ist es nicht. Vater hat für dich vorgesehen, dass du bei uns bleibst. Dass du dich später um uns kümmerst. Damit will er dich auch beschützen.» Sie schüttelte leicht den Kopf, dann griff sie nach Maries Hand. «Ich möchte, dass du glücklich wirst. Die Liebe ist eine ernste Sache, Mariele. Wenn du dir nicht sicher bist, wenn es nicht ernst ist, musst du es sofort beenden.»

«Es ist ernst.» So, nun hatte sie es gesagt. Sofort fühlte sie es auch.

Der Blick ihrer Mutter hingegen blieb unverändert besorgt. «Ihr seid beide noch sehr jung. Ich habe selbst erst mit vierundzwanzig Jahren geheiratet, da weiß man eher, was man tut.» Als Marie nichts sagte, fuhr sie fort: «Bist du denn schon bereit dafür, einen eigenen Haushalt zu führen? Den eines künftigen Pfarrers noch dazu?»

«Warum sollte ich es nicht sein? Du hast mich doch dazu erzogen.»

Mutter sah unbehaglich aus. «Die Dinge sind dir nicht immer leichtgefallen. Du bist mit einem schweren Gemüt geboren. Das hast du vielleicht von mir, ich war noch so traurig, als du zur Welt kamst, mein kleiner Junge war gerade gestorben. Vielleicht konnte ich dir nicht die ruhige, liebevolle Mutter sein, die du gebraucht hättest. Du warst immer unser Sorgenkind.»

Ach ja? Marie entzog ihr die Hand. «Mir geht es gut. Ich bin glücklich. Ich hole jetzt Schaufeln.»

Die Mutter hielt sie fest. «Mariele.» Sie erhob sich wieder und griff nach ihren Schultern. «Lass dir Zeit, Kind. Das ist alles, worum ich dich bitte. Wenn du mir versprichst, dass du dich eingehend prüfst, dann rede ich mit deinem Vater. Ich bin sicher, er will deinem Glück nicht im Wege stehen. Deswegen hat er auch so lange geschwiegen.»

«Ihr müsst mir vertrauen, Mutter.»

Mutter nickte langsam. «Du warst immer demütig und folgsam. Du wirst schon das Richtige tun.»

Marie nickte, drückte ihr die Hand und wandte sich ab. Während sie ging, um Pflanzwerkzeug zu holen, spürte sie, wie sich ein Lächeln auf ihrem Gesicht ausbreitete.

Es war Mittag, als auf dem Hof plötzlich Stimmen und Gelächter laut wurden. Marie sah aus dem Fenster des Esszimmers, wo sie mit Helene den Tisch deckte. Mit Ludwig und Max hatte sie insgeheim gerechnet – doch außer diesen beiden stand da nun plötzlich ein ganzer Pulk von lärmenden Studenten.

Offenbar hatten die jungen Männer eine Maiwanderung von Tübingen herauf unternommen, und wie es schien, hatten sie in einem Bräuhaus Halt gemacht. Max' Haare waren schweißnass und die Wangen gerötet, und Ludwig, der sonst so viel Wert auf standesgemäße Kleidung legte, hatte sein Halstuch geöffnet, es flatterte lose um seinen Hals. Maries Herz schlug heftig. Ihm heute überhaupt gegenüberzutreten, war Mutprobe genug, aber vor den Augen seiner Freunde schien es ihr ganz und gar unmöglich. Schnell trat sie einen Schritt vom Fenster zurück.

Helenes fragenden Blick beantwortete sie mit den Worten: «Max und Ludwig und mindestens fünf weitere.»

Von unten drang Annas Organ herauf, die wohl Wasser ausschenkte. «Amma Räuschle isch net dr Wein schuld, sondern dr Drengr!», rief sie, gefolgt von erneutem Johlen und Gelächter.

Helene runzelte die Stirn, stellte sich hinter die Gardine und sah aus dem Fenster. «Dein Vater kommt heraus», berichtete sie.

Marie hatte sich in die Zimmermitte zurückgezogen. Sie vernahm die Stimme ihres Vaters, konnte jedoch keine Worte ausmachen. «Mach das Fenster auf», flüsterte sie, «damit wir sie hören können.»

Bereitwillig öffnete Helene den Fensterflügel einen Spalt weit und trat schnell wieder von der Scheibe zurück.

«Gehen wir», sagte Vater gerade. «In dem Zustand kommt ihr den Frauen nicht unter die Augen.» Seine Stimme klang belustigt. «Jetzt gibt es erst einmal Essen und Wasser. Dann seid ihr wohl nachher wieder gesellschaftsfähig. Der Bazlen von der Traube Post lädt heute Nachmittag zum Tanz um den Maibaum im Garten», fuhr er fort.

Max' Stimme erklang, er schien etwas zu fragen.

«Mutter und ich kommen mit den Mädchen auch.»

Sie wechselten einen raschen Blick, Helene riss aufgeregt die Augen auf. Sie würden ausgehen!

Marie hatte sich bei Helene untergehakt, die ihr gutes weißblaues Kleid und den Patrizierkragen trug. Sie beide hatten beinahe eine Stunde damit zugebracht, Maries Haar zu einer geflochtenen Frisur aufzustecken, Helene bevorzugte ihren einfachen Dutt. Marie trug ihr hellgrün Gestreiftes und Großmutter Feuerleins Brosche. Damit konnte sie Ludwig unter die Augen treten. Sie war beinahe zu aufgeregt, um sich zu freuen.

Arm in Arm folgten sie Vaters schwarz gewandetem Rücken und Mutters weitem Brokatrock und spazierten die wenigen Schritte hinüber zum Gasthof Traube Post. Das beste Gasthaus in Eningen zog weniger die heimische Bevölkerung an, dafür war es zu vornehm. Die Tübinger Studenten schlugen dort im Saal ihre Mensuren – Marie hatte Max' Wunde verarztet, als er letztes Jahr als Paukant an der Stirn getroffen worden war.

Der Tag war warm und strahlend schön geworden, und sie sahen den großen Maibaum, den der Traube-Wirt im Garten hinter dem Haus hatte aufstellen lassen, schon von Weitem aufragen. Ein Kranz aus Tannenzweigen baumelte auf halber Höhe von ihm herab.

Helene flüsterte Marie zu: «Du musst dich bedanken, aber das reicht dann auch, denk dran! Deine Eltern haben schon recht, lass dir Zeit.»

Marie zog die Augenbrauen hoch. «Bist du jetzt auf ihrer Seite?»

«Ich bin die Stimme der Vernunft.» Helene grinste sie an, dann wurde sie ernst. «Es steht zu viel auf dem Spiel, um einen Groschenroman daraus zu machen. Das hätten Alwine und Friederike getan, aber nicht du.»

Marie nickte. Die Kapelle begann zu spielen, als sie beinahe vor dem Gasthof angekommen waren, die Blasinstrumente schepperten das Vaterlandslied «Heil unserm König, heil».

«Eigentlich», Marie blieb stehen, «ist doch ohnehin schon entschieden, dass ich Ludwig heiraten werde. Ich habe es schon entschieden.»

Helene blinzelte heftig und senkte den Blick. «Wenn du dir da sicher bist», sagte sie und stieg vor Marie die Stufen zu der mit Steinmetzarbeiten umrandeten Tür hinauf. In der Eingangshalle drehte sich über dem offenen Feuer im Kamin ein Bratspieß, auf dem ein ganzes Ferkel steckte. Der betagte Wirt Bazlen trat ihnen entgegen und begrüßte die Eltern. Sofort gesellten sich auch Schultheiß Amos, der Lehrer der Jungenschule und der Kirchendiener dazu, die vor dem Spanferkel gestanden hatten.

Marie suchte den Blick ihres Vaters, der ihr zunickte. Sie durften also nach hinten in den Garten gehen, ohne auf die Eltern zu warten. Dazu mussten Helene und sie durch die dunkel getäfelte Gaststube, in der dichter Tabakrauch in den Augen brannte. Marie meinte, am Tisch neben dem Kachelofen ihren Bruder und seine Freunde zu erkennen, aber sie wollte nicht zu auffällig hinsehen.

Draußen im Garten, wo um den Maibaum herum einfache Tische und Bänke aufgestellt worden waren, setzten sie sich zu Christine Hofstetter und ihrem Mann. Der geschäftstüchtige Traube-Wirt hatte hinter dem Haus einen halben Park mit Laubengängen angelegt und junge Kastanienbäume gepflanzt. Es gab sogar eine überdachte Kegelbahn. Die feine Gesellschaft kam am Wochenende aus Reutlingen oder Tübingen herauf, um hier zu lustwandeln und Kaffee und Kuchen einzunehmen.

Unaufgefordert brachte der Kellner ihnen je einen Krug Süßmost. Zum Reden war es wegen der Musik beinahe zu laut. In dem weißen Pavillon saß die Kapelle und spielte zünftig auf, zwischen den Wegen auf dem Rasen hatte man für die Gäste Spiele aufgebaut. Man konnte Dosen werfen, auf Stelzen laufen oder Lose ziehen. Draußen bei der Schießhütte am Katzenbuckel sollte es später noch ein Wettschießen geben. Rund um den Maibaum tanzten bereits einige Paare, die Röcke der Frauen flogen, die Männer riefen einander grobe Scherze zu.

Marie war eingeschüchtert. Sie war in ihrem Leben erst einmal auf einem solchen Dorffest gewesen. In Eningen gab es keine Kirbe, und während des Eninger Congresses, der zweimal im Jahr in rauschende Feste mündete, musste sie sich zu Hause aufhalten. Mutter legte keinen Wert auf unberechenbare Menschenmassen. Helene hingegen blickte sich vergnügt um.

«Das ist hier ja wie auf dem Kramermarkt! Ich liebe Jahrmärkte!», rief sie über die Musik hinweg. «Ich war als Kind in Oldenburg auf so vielen!»

Marie sah ihre Freundin nachdenklich an. Vielleicht war Helene so unerschrocken, gerade weil sie keine Mutter gehabt hatte, die sie zur Zurückhaltung und Vorsicht ermahnt hatte. Sie war gezwungen gewesen, selbst auf sich zu achten, und das schien ihr gut gelungen zu sein. Sie hielt stets das rechte Maß zwischen Lachen und Ernst, Nähe und Abstand. Helene traute sich alles zu, weil sie sich in ihrem jungen Leben vieles ganz allein erarbeitet hatte – durch Fleiß, aber auch durch Beharrlichkeit und Witz. Wie es *in* ihr aussah, konnte natürlich niemand wissen. Einfach konnte es nicht sein, sich unbeschützt zu fühlen.

«Mogsch danza, Freilein?» Neben Marie roch es plötzlich nach Rauch, und ein Jüngling mit verschwitzten braunen Locken deutete eine leichte Verbeugung an. Hinter ihm kam gerade Max aus der Tür, gefolgt vom Rest seiner Kommilitonen.

Er schlug dem Lockigen auf die Schulter. «Kaum, dass man den Kuhn aus den Augen lässt, macht er schon meiner Schwester schöne Augen!»

«Der Kuhn! Immer der Kuhn!», johlten die anderen und boxten sich gegenseitig gegen die Oberarme. Marie war unbehaglich zumute. Sie griff zögernd nach der dargebotenen Hand und ließ sich von Kuhn zum Tanzboden führen, ohne sich umzusehen. Die Hand war unangenehm feucht.

Die Kapelle trötete munter eine Polka, und Kuhn fasste nach ihren Händen. Er sprang recht wild herum, zweimal direkt auf ihren Fuß, und sein Atem roch schlecht. Lachend blickte er sich nach allen Seiten um, richtete aber nicht einmal das Wort an sie. Er wirbelte sie ordentlich herum, und jedes Mal, wenn sie in Richtung ihres Tisches sah, um den inzwischen die Studenten hockten, begegnete sie Ludwigs Blick. Er ließ sie nicht aus den Augen. Marie war froh, als Kuhn sie nach dem Tanz zu ihrem Platz zurückbrachte.

Die Bänke waren inzwischen wieder leer. Helene war wie sie selbst zum Tanzen aufgefordert worden, und die Hofstetterin stand mit ihrem Mann beim Bogenschießen. Marie blickte sich um. Wo waren die jungen Männer? Einige erblickte sie auf der Tanzfläche, unter anderem Max, der mit Schultheiß Amos' Marie tanzte. War die mit ihren vierzehn Jahren nicht zu jung für ein solches Fest? Marie suchte mit den Augen nach ihren Eltern, als sie plötzlich eine Erschütterung spürte. Erschrocken fuhr sie herum.

Ludwig ließ sich schwer rittlings neben sie auf die Bank fallen. Ihr Herz tat bei seinem Anblick einen Sprung – seine blauen Augen leuchteten, das blonde Haar war zerzaust. Rührend sah er aus, beinahe wie ein kleiner Junge. Er stützte das Kinn in die Hand und strahlte sie breit an.

«Du tanzt wie ein Schmetterling», sagte er mit schwerer Zunge.

Marie spürte, wie sie errötete. Sie lächelte und senkte den Blick. «Danke für den Maien.»

«Gern geschehen.» Er ließ seine freie Hand unter den Tisch sinken und streifte mit dem Finger ganz leicht Maries Handrücken.

Sie erschauerte und nestelte verlegen an ihrer Brosche.

«Bist du denn nachts hier gewesen?», fragte sie schnell.

«Heute in aller Herrgottsfrühe. Die anderen Burschen haben mir geholfen. So ein junger Baum ist gar nicht so leicht zu tragen. Und dein Bruder kann hübsche Schleifen binden.»

Sie lachte. «Mutter hat es ihm mit viel Mühe beigebracht. Knöpfe annähen kann er immer noch nicht.»

«Na, solange er sein Latein auf Vordermann hält.» Ludwig legte den Kopf zur Seite. «Mir scheint, dich hat man die sinnvolleren Dinge gelehrt.»

«Mich hat man wenig gelehrt.»

«Aber alles, was wichtig ist. Alles, was für mich wichtig ist.»

«Ich habe an der Geschichte für dich geschrieben.»

Diesmal legte sich seine Hand auf der Tischplatte auf ihre, warm und schwer und vor aller Augen. «Ich kann es nicht erwarten, sie zu lesen.» Schnell zog Marie ihre Hand ein Stück zurück und ballte sie zur Faust. Auf ihrer Haut blieb ein Kribbeln zurück.

Er lächelte. «Sind deine Eltern da?»

Marie deutete mit dem Kinn auf das Haus. «Sie wurden gleich in der Eingangshalle aufgehalten. Dort wird auch Bier ausgeschenkt, habe ich gesehen.»

«Wie haben sie auf den Maien reagiert?»

Marie sah zu Boden. «Sie haben kaum reagiert.»

«Demnächst muss ich einmal mit deinem Vater sprechen.»

Freude durchfuhr sie heiß. Er würde um ihre Hand anhalten. Sie sah ihn prüfend an. Ludwig wirkte angestrengt. Er schien jedes Wort mit Mühe besonders deutlich auszusprechen und sah sie mit einem leicht glasigen Blick an, der sie nicht zu erfassen schien. Ging es ihm nicht gut? Er bemerkte ihre Sorge, beugte sich vor und murmelte beschwörend:

«Entschuldige bitte meinen Zustand. Die anderen haben mich zum Trinken gedrängt, und da sie mir mit dem Maien geholfen haben, musste ich wohl die Walpurgisnacht mit ihnen ...» Ein Atem streifte feucht ihre Wange.

Sie erschauerte erneut. «Du musst dich doch bei mir nicht entschuldigen.»

«Das muss ich wohl! Genau das sage ich doch immer, Marie, du musst mich führen, mich mäßigen. Ich lasse mich zu schnell verleiten.» Er stöhnte leise und sank kopfschüttelnd in sich zusammen, das Haar fiel ihm über die Augen. Dann richtete er sich wieder auf. «Möchtest du ...»

Bevor er seinen Satz beenden konnte, ließ sich Helene schwer atmend neben sie fallen. «Puh! Wer ist denn das Mädchen, mit dem Max da unablässig tanzt?»

«Die Schultheißenstochter», antwortete Ludwig an Maries Stelle. «Eine gute Partie.»

Helene sah ihn befremdet an. «Ich glaube kaum, dass Max bei der Auswahl seiner Tanzpartnerinnen taktische Erwägungen anstellt.»

«Dann kennst du ihn weniger gut als ich», gab Ludwig zurück.

Helene sah reizend aus, durch das Tanzen war Leben in sie gekommen. Manchmal wirkte sie recht farblos, nun sah sie richtig strahlend aus. Ihr weizenblondes Haar leuchtete in der

Sonne. Das schien nicht nur Marie aufzufallen, denn prompt näherte sich der nächste Student und streckte ihr seine Hand hin. Helene zögerte einen Augenblick und sah Marie an. Sie nickte leicht, um ihr zu bedeuten, dass alles in Ordnung sei, und ihre Freundin ließ sich erneut zum Tanz führen.

Auch Ludwig erhob sich nun und bot ihr den Arm. «Wollen wir ein Stück gehen?» Sie flanierten einmal durch den Park und sahen bei den Spielen zu. Marie spürte die auf sich gerichteten Augenpaare und schwelgte in dem Ansehen, das ihr der stattliche junge Mann an ihrer Seite auf einmal einbrachte. Immer wieder sah sie zu Ludwig auf, der den Blick kaum von ihr abzuwenden schien. Als jedoch der Rumpp'sche Gesangsverein Aufstellung nahm und das Württemberglied «Preisend mit viel schönen Reden» anstimmte, raunte Ludwig ihr ins Ohr: «Man versteht hier sein eigenes Wort nicht. Lass uns einen Spaziergang machen, wo es ruhiger ist. Da können wir uns besser unterhalten.»

Marie sah ihn zweifelnd an. Er hatte gar keine Anstalten mehr gemacht, sich zu unterhalten, und seine eindringlichen Blicke schüchterten sie ein. Außerdem hätte sie gern die Erlaubnis ihres Vaters eingeholt, der eben noch an der Tür gestanden hatte, aber er war nirgends zu sehen. Andererseits mochte sie Ludwig nicht vor den Kopf stoßen. Sie wollte ja nicht, dass er sich enttäuscht von ihr abwandte.

Schmetterlinge tanzten in ihrem Bauch. Sie war mit Ludwig noch nie allein gewesen. Ob er ihr einen Kuss stehlen wollte? Wie verrucht von ihr, so etwas zu riskieren, aber immerhin waren sie so gut wie verlobt. Es war schön, wenn er ihre Hand streichelte.

Sie ließ sich von Ludwig durch die Gartenpforte hinausführen, die an den Leinsbach grenzte. Er warf einen Blick über die

Schulter und zog leicht den Kopf ein. Sie prusteten beide los und rannten gebückt am Außengeländer des Gasthofs entlang, bis sie außer Sichtweite waren. Dann drehten sie sich lachend um und blickten zurück. «Geschafft», schnaufte Ludwig zufrieden, legte ihr den Arm um die Schultern und zog sie an sich. Marie schmiegte sich lächelnd an ihn. Sie würde nicht ängstlich oder schwierig sein. Er sollte sehen, dass sie ein Mädchen war, mit dem man auch scherzen konnte.

Arm und Arm schlenderten sie ein Stück am Leinsbach entlang, was sie nah an die schmutzigen Gassen der Armen heranführte, überquerten die kleine Holzbrücke und näherten sich von hinten dem Pfarrgarten, aus dem der Maien aufragte. Marie verspürte Erleichterung, aber auch eine Spur von Enttäuschung, denn Ludwig hatte nicht versucht, sie zu küssen. Vor der Scheuer blieb er stehen, ließ sie los, verschränkte die Arme und blickte zu dem geschmückten Bäumchen auf.

«Wie stolz er dasteht», sagte er versonnen, dann drehte er sich zu ihr um. «Doch nicht halb so stolz wie ich bin, deine Zuneigung erobert zu haben.» Er griff nach ihren Händen, stieß mit der Schulter die Tür der Pfarrscheuer auf und zog sie mit sich hinein.

Um sie herum war es düster, nur wenige flirrende Lichtstrahlen, in denen Staubkörnchen tanzten, brachen durch die Spalten im Holz. Marie überlief es heiß und kalt. Würde er sie jetzt doch noch küssen? Ludwig jedoch erklärte aufseufzend: «Ich muss mich ein wenig ausruhen von all dem Lärm.» Er sah zu dem Heu hinüber, das im hinteren Teil der Scheune lagerte. «Möchtest du mir Gesellschaft leisten?» Er ließ ihre Hände los, nahm ihr Kinn zwischen Daumen und Zeigefinger und versenkte seinen Blick in ihren, dunkel im Dämmerlicht. Maries Herz klopfte wie wild. Sie sah auf seine schmalen, geschwungenen Lippen, über denen kleine Schweißperlen hingen. «Doch natürlich. Ludwig, ich ...»

Er wandte sich ab und ging auf das Heu zu. Maries Herz schlug heftig. Sollte sie besser schnell hinausschlüpfen? Aber was würde er dann von ihr halten? Außerdem kam er ihr wirklich erschöpft vor, und eine Welle von fürsorglicher Zärtlichkeit überrollte sie. Sie wollte ihm über das Haar streichen und sein Gesicht betrachten.

«Ich mache es uns hier ein wenig bequem», ertönte seine Stimme von weiter hinten. Zögernd tat sie ein paar Schritte in seine Richtung. Er hatte das Heu zu einer Liegefläche aufgeschichtet, sah ihr stolz entgegen und vollführte mit dem Arm eine einladende Bewegung. Sie musste lachen. Doch dann öffnete er seine beiden obersten Hemdknöpfe, warf sich mit einem Sprung rückwärts auf das Lager, schloss die Augen und streckte die Hand nach ihr aus.

Das erschien ihr nun doch unschicklich. So zwanglos hatte er sich noch nie verhalten. Sie blieb stehen.

Er hob den Kopf und sah sie auffordernd an. Marie rang mit sich, mit ihrer Beklommenheit und dem Wunsch, sein Vertrauen nicht zu enttäuschen. Schließlich trat sie näher und reichte ihm ihre Hand. Er zog sie daran zu sich herunter, sodass sie neben ihm zu sitzen kam. Bewundernd blickte er zu ihr auf und streckte die Hand aus, um ihr eine Strähne aus dem Gesicht zu streichen, die sich beim Tanzen aus ihren Flechten gelöst hatte. «Mariele», hauchte er.

Aus dieser Nähe konnte sie seinen Schweiß riechen, sie sah die kleinen goldenen Barthaare, die er sich, anders als die meisten, rasierte. Er war nah, zu nah. Sie streckte die Hand aus, berührte mit den Fingerspitzen seine Wange. Sofort schlossen sich seine Finger um ihr Handgelenk. Sie sahen einander in die Augen. Sein Blick war eher herausfordernd als liebevoll, aber Ludwig war ganz auf sie konzentriert, nahm nichts anderes mehr wahr. Es war ein berauschendes Gefühl. Langsam senkte sie den Kopf, ihre Lippen streiften seine, warm und fest. Seine Hand umfasste ihren Hinterkopf. Sie schloss die Augen und gestattete ihm, sie fester zu küssen.

Als sie Anstalten machte, sich wieder aufzurichten, gab er einen unwilligen Laut von sich. Sie musste zuerst lachen, doch dann legte sich seine Hand auf ihr Schlüsselbein und drückte sie ruckartig nach hinten. Sie schnappte erschrocken nach Luft. Nun lag sie ebenfalls auf dem Rücken. An der Bretterwand neben ihr lehnte im Dämmerlicht die Heugabel.

«Ludwig, nein, das geht nicht», sagte sie entschieden und versuchte, sich aufzurappeln. Seine schwere Hand jedoch blieb auf ihrem Schlüsselbein liegen und hielt sie auf das Stroh gedrückt.

«Ich habe für meinen Maien noch gar kein Geschenk bekommen», sagte er sanft. «Ein einziger Kuss ist zu wenig.»

Marie wurde mulmig zumute. Noch ehe sie wusste, wie ihr geschah, legten sich seine Lippen erneut auf ihre, heftiger nun und feucht. Marie versuchte, sich dem Kuss «zu ergeben» wie in Friederikes Romanen beschrieben, aber es gelang ihr nicht. Sie war sich ihrer selbst überdeutlich bewusst. Marie war noch nie geküsst worden, aber dass dies kein unschuldiger Kuss war, spürte sie sofort. Ludwigs Atem ging jetzt schwerer, er roch säuerlich. Endlich hob sich sein Kopf wieder. «Du bist aufgeblüht wie eine Rose», sagte er an ihrer Wange.

Marie wünschte, er würde ihr mehr Raum lassen. Sie wünschte, es wäre heller. Das Heu kitzelte unangenehm in ihrem Nacken. Sie drehte den Kopf weg. «Ludwig, ich möchte gehen.»

Seine Hand, die auf ihrem Schlüsselbein lag, glitt ein Stück abwärts, gedankenverloren nestelte er an ihrer Brosche, als hätte er sie nicht gehört. «Deine Haut ist so zart ...» Erneut senkte sich sein Kopf, diesmal küsste er ihren Hals, sanft zuerst, aber dann immer stürmischer.

«Ludwig! Nein!»

Sein Atem war so erschreckend laut, und seine Finger nestelten nun an den Knöpfen ihres Kleides. Er öffnete sie flink und geschickt, ehe Marie begriffen hatte, was er tat. «Ludwig, hör auf!»

«Zier dich nicht», murmelte er an ihrem Hals. «Du hast mich doch ermutigt.»

Seine Hand glitt unter ihr Mieder, umfasste ihre Brust. Ein Schluchzen stieg in Maries Kehle auf. Sie versuchte, sich loszumachen, wälzte sich zur Seite. «Hör auf!»

Er griff nach ihr und drückte ihre Schultern wieder auf das Heu. Dann rollte er sich auf sie. «Gleich», sagte er und bedeckte ihren Mund mit seinem, sodass sie das Gefühl hatte zu ersticken. Was tat er da nur?

«Lass mich», brachte sie hervor, als er seinen Kopf wieder hob. Er sah sie mit einem funkelnden Blick an – war er wütend? – und zerrte ruckartig an ihrem Mieder. Es riss mit einem lauten Ratschen, und Marie erstarrte vor Schreck.

«Jetzt beende, was du angefangen hast», sagte er schwer atmend und schroff. Sie spürte, wie seine schwitzige Hand unter ihren Rock glitt.

Sie schloss die brennenden Augen.

Eningen
Mai 1865

Wo steckte Marie? Vorhin beim Tanzen hatte Helene sie noch an Ludwigs Arm beim Dosenwerfen gesehen, nun waren die beiden verschwunden. Helene stand vom Tisch auf, strich sich eine verschwitzte Strähne aus der Stirn und blickte sich um. Die durchdringenden Männerstimmen, die schon die fünfte Volksweise schmetterten, gingen ihr auf die Nerven.

Wenn sie an ihre Freundin dachte, stiegen vor ihrem inneren Auge blitzartig Bilder von ihren dunklen Augen, ihrer zarten, rosigen Haut auf. Sie hatte Maries frischen Duft in der Nase. Hörte die tiefe, sanfte Stimme, mit der sie ihr abends ihre Geschichten erzählte. Nahm Ludwig all das überhaupt wahr? Im Grunde war Helene davon überzeugt, dass er sich Marie nur ausgesucht hatte, weil er es in der Welt weit bringen wollte. Sie war eine Trophäe, mit deren Wert er sich schmücken wollte. Es gelang Helene nicht, in ihm mehr zu sehen als einen biederen Ehrgeizling.

Schließlich erblickte sie Max, der allein an der Gartenmauer lehnte, den Kopf in den Nacken gelegt. Erleichtert ging sie zu ihm hinüber.

«Bist du schon müde?», fragte sie neckisch.

Er warf ihr einen matten Blick zu und unterdrückte ein Aufstoßen. «Das kannst du laut sagen.»

«Hast du dich mit dem Fräulein Amos so verausgabt?»

Er nahm ihren spitzen Ton wahr und kniff die Augen zusammen. «Das Fräulein Amos ist die Sanftmut und Rücksicht in Person. Ein Mädchen von harmonischstem Gemüt und reiner Geisteshaltung.»

«Schließt diese Geisteshaltung Bildung mit ein?»

Er richtete sich auf und funkelte auf sie herab. «Du bildest dir auf deinen männlichen Verstand einiges ein, Helene. Aber er ist keine Zierde. Wenn allzu gelehrte Frauen einmal ihren angewiesenen Kreis verlassen, fehlt ihnen die männliche Kraft, der Mut, die in den geistigen Regionen lauernden Schwierigkeiten zu überwinden. Eine solche gelehrte Frau hat dann bloß ihren ersten schönen Standpunkt verloren und wird entweder zur eitlen Törin – oder unglücklich.»

Helene starrte ihn an. Sie war zutiefst getroffen. Er, den sie als Freund betrachtet hatte, schätzte ihre Fähigkeiten so gering ein? Was maßte er sich an zu wissen, von welchem Standpunkt aus sie die Welt betrachtete? Wie erdreistete er sich, ihr Mut abzusprechen? «Wieso unglücklich?», brachte sie hervor.

Max schien zu merken, dass er sie mit seiner gereizten Antwort verletzt hatte, fuhr sich mit der Hand über das verschwitzte Gesicht und schlug einen versöhnlicheren Ton an. «Du hast noch Zeit, alles richtig zu machen, Helene. Was kann die Gelehrsamkeit einer Frau schon bieten? Ihr findet doch alles Wesentliche in der Ausübung eurer heiligsten Pflicht, der Liebe zu Mann und Kindern.» Sein Ton war schwärmerisch geworden – unehrlich. «Halte dir nur immer Mutter vor Augen. Lass dir von dem Jahr hier bei uns auch zeigen, wie wahres weibliches Glück aussieht.»

Wollte er plötzlich das Sprachrohr seines Vaters sein? «Ich dachte, es gäbe auch für eine Frau mehr als einen Weg, glücklich zu werden.»

Er schüttelte leicht den Kopf und sah sie aus großen dunklen Augen an, doch verglichen mit den Augen seiner Schwester waren es stumpfe dunkle Knöpfe. Wie hatte sie sich in ihm nur so täuschen können? Er hatte sie glauben lassen, er nähme sie ernst, auch in ihrem Wissensdurst. Doch er sah sie nur als Gattungswesen, das seinem Platz zugeführt werden sollte. Zu seiner eigenen Erquickung hatte er mit ihr gesprochen, sie belehrt, weil sie so wenig wusste und er sich dabei gebildet vorkommen konnte.

Er hatte sie verraten, ihre Unbefangenheit und ihr Zutrauen. Sie nahm ihre ganze Selbstbeherrschung zusammen. «Das enttäuscht mich», sagte sie mühsam. «Aber ich glaube auch, die Zeiten ändern sich.»

«Manche Dinge werden sich nie ändern.»

«Das werden wir noch sehen.»

Sie starrten einander an, bis Max den Kopf abwandte. «Lass uns nicht streiten. Geh lieber zu meinen Eltern hinüber, die haben schon nach euch gefragt.»

Ohne ein weiteres Wort wandte Helene sich ab und ging davon. Sie fühlte sich erschöpft wie nach einem Kampf. Dabei hatte der Kampf, das schwante ihr nun, noch nicht einmal begonnen. Es fehlte Max nicht an Wohlwollen, aber an Respekt für sie als Mensch. Und diesen Respekt musste sie sich in der Welt verschaffen.

Wieder hielt sie erfolglos Ausschau nach Marie. Sie verspürte ein dumpfes Stechen hinter den Augen und wäre so gern in die tröstliche Gegenwart ihrer Freundin eingetaucht.

Wo war sie nur hin? Plötzlich fiel ihr der Zwischenfall mit Ludwig und Alwine ein, und eine schleichende Unruhe ergriff von ihr Besitz. Nach einem Rundgang durch den Garten sah sie sich in der verrauchten Gaststube um, doch dort saßen nur Männer. In der Eingangshalle wurde gerade unter großem Beifall das Spanferkel angeschnitten. Niemand achtete auf Helene, und so schlüpfte sie schnell aus der Tür auf die Hauptstraße hinaus. Dicht an der Hauswand, sodass man sie von drinnen nicht sehen konnte, umrundete sie den Gasthof und lief zurück in Richtung Pfarrhaus.

Wolken waren aufgezogen und ballten sich grau am Albtrauf. Es würde heute noch regnen.

Im Hof begegnete Helene Anna, die soeben mit einem Kehrbesen aus dem Haus getreten war. «Ist Marie hier?», fragte sie die Magd.

«Ha noi. Die isch doch beim Fescht», lautete die Antwort.

Helene verspürte nicht die geringste Lust zurückzugehen, aber sie musste sich zumindest bei den Gasteltern abmelden. Sie lief hinüber, zupfte die Tante am Ärmel und teilte ihr mit, dass ihre Augen wieder schmerzten und sie sich hinlegen wolle. Dann kehrte sie ins Pfarrhaus zurück und stieg langsam die Stufen zu ihrem Zimmer hinauf. Sie fühlte sich kraftlos vor Enttäuschung. Ihre eigenen Brüder hatten sie niemals gering geschätzt, weil sie kein Junge war, und auch ihr Vater hatte das nicht getan.

Leise öffnete sie die Zimmertür, ging zu ihrem Bett und setzte sich. Sie zog ihre Schuhe aus und starrte einen Moment aus dem Fenster. Der Wind hatte sich gelegt, und die bunten Bänder von Maries Maien hingen kraftlos an dem Bäumchen herab. Sie stand auf, um sich das Gesicht zu waschen. Da erst bemerkte sie, dass sie nicht allein im Zimmer war.

Marie kauerte zwischen ihrem Bett und dem Waschtisch an der Wand. Sie hatte den Kopf in beide Hände gestützt und gab keinen Laut von sich. Ihre Frisur war zerzaust, in ihren Haaren steckte Stroh. Erschrocken stand Helene auf, ging vor ihr in die Hocke und ergriff ihre Hände. «Was ist passiert?»

Maries Gesicht, das nun zum Vorschein kam, war rot gefleckt von Tränen. Ein trockenes Schluchzen entrang sich ihrer Brust. Da sah Helene, dass Maries Kleid zur Hälfte aufgeknöpft, das Mieder zerrissen war. Entsetzt starrte sie auf den halbnackten Oberkörper ihrer Freundin.

«War das Ludwig?»

Marie nickte, entriss ihr ihre Hände und schlug sie wieder vors Gesicht.

«Hat er gegen deinen Willen ... Hat er dich ...»

Marie schluchzte auf. «Ich bin mitgegangen. In die Scheune. Ich dachte ...»

Helene stand auf. «Du bist freiwillig mit ihm in eine Scheune gegangen? Wie konntest du nur?» Sie spürte, wie Wut in ihr aufwallte.

Marie sah aus blutunterlaufenen Augen zu ihr auf. «Er war müde. Er wollte sich ausruhen. Ich dachte, er will mich vielleicht küssen. Aber dann ...»

«Küssen! Ihr seid nicht einmal verlobt!»

Marie ließ den Kopf sinken. «So gut wie verlobt.»

«Was ist dann passiert?»

Marie hob weder den Kopf, noch antwortete sie. Helene schluckte. Das Blut rauschte in ihren Ohren. Am liebsten hätte sie Marie gepackt und geschüttelt.

Da stützte ihre Freundin sich auf dem Boden ab und rappelte sich mühsam auf. Sie raffte ihren Rock und hob ihn bis zu den Oberschenkeln an. Helene sah das Blut, das an ihren Beinen entlanggelaufen und schon halb getrocknet war.

Ihr stockte der Atem. «Brauchst du einen Arzt?», fragte sie gepresst. «Soll ich deine Mutter holen?»

Marie schüttelte heftig den Kopf. «Auf keinen Fall. Ich muss nur mit Ludwig sprechen. Jetzt muss er mich schnell heiraten. Aber vorhin konnte ich nicht ... Ich bin einfach weggelaufen.»

«Und er ist dir nicht gefolgt?» Helenes Stimme blieb tonlos.

Marie schüttelte den Kopf.

Die Wut kehrte zurück. «Sag mir eins!», rief sie. «War es Liebe? Ist *das* Liebe?»

Marie sah zu Boden. «Die Liebe der Männer vielleicht.»

«Du hast dir mit diesem Leichtsinn jede Freiheit genommen! Ich bin davon ausgegangen, dass du zusammen mit deinen Eltern eine besonnene Entscheidung triffst. Ich kann nicht glauben, dass du so dumm bist! Ich kann dir gar nicht sagen, wie enttäuscht ich von dir bin!», brach es aus Helene hervor. In ihrer Brust tobte ein Schmerz, der ihr beinahe die Luft nahm. Was Marie getan hatte, fühlte sich an wie ein Betrug, ein Verrat.

Die Wut brachte noch einmal Leben in Marie. Sie kniff die Augen zusammen. «Und du bist so klug, ja? Was weißt du schon von Liebe? Was verstehst du schon?»

Bebend vor Wut stürmte Helene aus dem Zimmer. Mit hämmerndem Herzen und schwer atmend blieb sie im Flur stehen. Sie wusste nicht, wohin mit sich. Fliehen konnte sie nicht. Was innerlich an ihr fraß, war mehr als Enttäuschung, ganz verstand sie nicht, warum sie so außer sich war. Es war, als hätte Marie etwas in ihr zerstört – und hatte sie nicht soeben Helenes Liebe, Helenes Freundschaft für wertlos erklärt? *Was verstehst du schon?* Heiße Tränen stiegen ihr in die Augen.

Was Marie hatte mit sich geschehen lassen, flößte Helene Angst ein. Es war zutiefst falsch, auf einer moralischen Ebene, auf einer menschlichen. Sie hatte alles aufs Spiel gesetzt. Ein gefallenes Mädchen hatte jedes Wohlwollen verspielt. Ein Teil von Helene wusste, dass sie Marie Unrecht tat, aber sie konnte diesen Gedanken nicht zulassen. Es war besser, wütend zu sein.

Hinter der Wut lauerte etwas Finsteres, dem sie keinen Zugang gewähren durfte.

Mittlerweile war es früher Abend. Helene nahm sich zusammen, ging nach unten und teilte Anna mit, dass sich Marie nicht wohlfühle und sich hingelegt habe. Nein, ein Nachtessen bräuchte sie nicht. Es erforderte ihre gesamte Selbstbeherrschung, sich der Dienstmagd gegenüber nichts anmerken zu lassen.

Danach trat sie hinaus in den Hof, doch hier konnte sie jeder Vorübergehende gut sehen. Sie brachte es nicht über sich, wieder hinaufzugehen. Also huschte sie weiter in den Garten, versteckte sich hinter dem dicken Stamm der Buche und schlang Halt suchend beide Arme um sich. Sie spürte, wie sie zitterte. Was hatte sie Marie da alles an den Kopf geworfen? Sie konnte nicht klar denken, sich nicht genau erinnern, es war alles verschwommen. Langsam hob sie den Kopf und sah zum Fenster ihres gemeinsamen Zimmers auf, das blind und leer zurückstarrte.

Die arme Marie, die nun allein und verzweifelt dort oben lag, sie tat ihr so fürchterlich leid. Und anstatt ihr beizustehen, hatte Helene sie mit ihrem moralischen Furor auch noch zusätzlich beschämt. Marie hatte nicht gewollt, was geschehen war, das war doch offensichtlich. Helene schlug sich die Hände vors Gesicht. Vom Gasthof drüben wehten wie zum Hohn die Klänge einer Polka herüber.

Der nächste Tag war ein Sonntag. Helene hatte in der Nacht kein Auge zugetan. Mit klopfendem Herzen hatte sie im Bett gelegen und auf Maries Atemzüge gehorcht, die ihr verraten hatten, dass diese ebenso wach lag wie sie selbst. Trotzdem hatten sie kein Wort miteinander gewechselt. In Helene stritten die widersprüchlichsten Gefühle. Zum einen hatte Marie gegen die moralischen Maßstäbe verstoßen, mit denen sie erzogen worden war, indem sie eigenmächtig und unvorsichtig allein mit Ludwig fortgegangen war. Andererseits war Ludwig ein Schuft, der Marie Gewalt angetan hatte. Ihre Freundin war einfach zu gutgläubig gewesen, um ihn einer solchen Untat für fähig zu halten. Und daran wiederum war unter anderem Helene schuld. Sie hatte sich zur Fürsprecherin von Maries freiem Willen gemacht und ihrer Freundin das Gefühl gegeben, sie sei selbst ihres Glückes Schmied. Diese jedoch hatte geglaubt, ihr würde nur ein Weg offenstehen, selbst zu entscheiden – indem sie heiratete. Das wiederum hatte sie einer männlichen Niedertracht ausgeliefert, mit der auch Helene nicht gerechnet hatte. In Zukunft würde sie damit rechnen. Aber was war die Lösung? Gab es einen Ausweg?

Helene war so elend zumute, dass sie kaum etwas zu frühstücken vermochte. Auch Marie hatte sich heruntergeschleppt und saß bleich, mit dunklen Ringen unter den Augen, vor ihrem Teller, ohne einen Bissen anzurühren. Am anderen Ende der großen Tafel frühstückten Ludwig, Max und ihre Freunde, ohne die beiden Mädchen eines Blickes zu würdigen. Nur einmal bemerkte Helene, wie Ludwigs Blick Marie streifte und er zusammenzuckte. Im Gefolge der Tante machten sich alle Hausgäste anschließend auf den Weg hinüber zum Gotteshaus. In der Andreaskirche saß Helene wie immer eng gedrängt neben der verstummten Marie. Ihr war zum Heulen zumute. Sie hörte nichts von der Predigt, vermochte kaum in den Gesang einzustimmen.

Als sich die Gemeinde nach dem Gottesdienst zum Plausch vor der Kirche versammelte, behielt Helene aus den Augenwinkeln Ludwig im Auge, der bleich im Kreis seiner Kommilitonen stand und sich augenscheinlich weit wegwünschte. Er machte keinerlei Versuche, Marie einen Blick zuzuwerfen, sie mit einer Geste wissen zu lassen, dass er alles in Ordnung bringen würde. Helene spürte, wie Marie neben ihr immer mehr erstarrte.

Während des Gesprächs der Tante mit der Küsterin bemerkte sie, dass sich Ludwig aus seiner Gruppe gelöst hatte und über die Straße zum Pfarrhaus hinüberging. Wollte er sich etwa aus dem Staub machen? Das würde sie ihm nicht erlauben. Unauffällig trat auch sie aus dem Kreis der Frauen, in dem sie stand, und folgte ihm. Als sie drüben ankam, war der Hof jedoch leer. Aus der Küche drang Kaffeeduft und das Geklapper von Geschirr, Anna bereitete das Pfarrkränzchen vor. Helene ging am Haus vorbei nach hinten in den Garten, und dort stand er neben der Buche, aufreizend geckenhaft in seiner hellblauen Jacke, und blickte zu seinem Maien auf.

Sie trat neben Ludwig und sagte kalt: «Nun wirst du Marie wohl schleunigst einen Antrag machen.»

Er löste den Blick nicht von den bunten Bändern, sah sie nicht an. «Nein.»

Ein kalter Schreck durchfuhr sie. Das konnte er nicht ernst meinen. «Du hast sie kompromittiert.»

«Darauf kann ich keine Rücksicht nehmen. Sie hat sich nicht als die Sorte Frau erwiesen, die ich jemals heiraten könnte. Eine gute Frau schenkt ihrem Mann Harmonie und Frieden und setzt ihn nicht verwerflichen Leidenschaften aus.»

Helene spürte, wie die Wut wieder aufflammte, noch heißer, noch glühender als gestern. «Es war nicht ihre Leidenschaft, es war deine! Wie kommst du auf die Idee, sie ihr vorzuwerfen? Du hast Marie mit Gewalt gezwungen!»

«Woher willst du das wissen?», fragte er von oben herab und

sah sie hochmütig an. Doch dann schien er in ihrem Gesicht zu lesen, was sie wusste, und lenkte ein. «Sie hat mich in Versuchung geführt, aber sicherlich trifft auch mich Schuld. Allerdings hatte ich kaum geschlafen und Alkohol getrunken.»

Das sollte eine Entschuldigung sein? «Hattest du auch Alkohol getrunken, als du bei Alwine im Zimmer warst?»

Sein Kopf fuhr zu ihr herum. «Woher …?»

«Ich habe euch gesehen. Trotzdem habe ich nichts verraten. Und das war ein Fehler, ein dämlicher Fehler! Wenn ich gewusst hätte, was du im Schilde führst …»

«Ich hatte nur ehrenhafte Vorsätze!»

«Wer soll das glauben?!»

«Es steht dir nicht zu, mich zu beurteilen!», rief er.

«Und dir steht es nicht zu, dir ehrbare Mädchen zu Willen zu machen!», schrie sie.

«Es war Sünde», antwortete er erregt. «Das ist mir bewusst. Ich werde beichten und bereuen und den Zorn meines Schöpfers ertragen. Aber gegenüber Marie werde ich dafür keine Verantwortung übernehmen. Sie hat es sich selbst zuzuschreiben. Ich schulde ihr nichts.»

«Du hast sie entehrt!»

«Sie hat sich selbst entehrt. Ich wollte immer nur eine brave, tugendhafte Ehefrau. Sie ist für mich verdorben.»

Helene konnte nicht fassen, was sie da hörte. Sprachen sie beide von demselben Mädchen, dem scheuen, warmherzigen Wesen, das er roh in den Schmutz gezogen hatte? «Ich dachte, du liebst sie.»

«Ich habe in ihr die Anmut geliebt, ihre stille Anspruchslosigkeit, ihre Seelenruhe. Doch all das war nur Schein, das weiß ich jetzt. Es war äußere Schönheit, die mich getrogen hat.»

«Vielleicht hast du in Marie nur gesehen, was du sehen wolltest. Nicht ihr wahres Wesen», sie unterdrückte ein Schluchzen, «nicht, was sie wirklich fühlt und denkt.»

«Was ein Mädchen fühlt und denkt, bedeutet nicht viel. Sie erblüht erst für den Mann zu dem, wozu sie bestimmt ist.»

«Das ist so dumm, so anmaßend ...»

«Schluss!», unterbrach er sie schneidend. «Marie ist für mich gestorben! Ich sehe sie an und erblicke eine hässliche Fratze.»

«Diese Fratze müsstest du jeden Morgen sehen, wenn du in den Spiegel blickst!», schrie sie außer sich. «Du allein bist hässlich! Du hast sie besudelt!»

Er hob die Hand, als wollte er sie schlagen. Doch stattdessen stürzte er nach vorn und trat mit voller Wucht gegen den Maibaum, der ins Wanken geriet. Wie von Sinnen brüllte er auf und trat ein zweites Mal gegen den nackten Stamm, und noch einmal und noch einmal. Der Baum kippte langsam, fiel, landete krachend auf dem Rasen.

In der Stille, die folgte, nahm Helene zunächst nichts anderes wahr als ihren eigenen keuchenden Atem. Dann wurde ihr plötzlich bewusst, dass hinter ihr leises Gemurmel zu hören war. Langsam wandte sie sich von dem Maibaum ab und begriff entsetzt, dass ein Teil der Gemeinde sich zum Pfarrkaffee eingefunden hatte und hinter ihnen auf dem Hof stand. Ganz vorn, in erster Reihe, stand mit weit aufgerissenen Augen Marie. Sie stieß einen Laut aus, der klang wie der Schrei eines angeschossenen Tieres. Dann setzte sie sich in Bewegung, sie stürzte mit fliegenden Röcken an Helene und Ludwig vorbei den Grasgarten hinunter und verschwand um die Ecke der Scheuer.

Niemand rief ihr nach. Es herrschte schockiertes Schweigen. Unter den ihr zugewandten Gesichtern erkannte Helene nicht nur die Gasteltern, sondern auch den Schultheiß, den Küster, die Schullehrer, die Gruppe der Studenten. Marie war ruiniert.

Helene nahm all ihre verbliebene Selbstbeherrschung zusammen, straffte die Schultern und ging mit erhobenem Kopf an ihnen allen vorbei ins Haus.

Sie blieb in ihrem Zimmer, bis ein Klopfen an der Tür sie aufstörte. Ihre Tränen waren mittlerweile getrocknet. Sie hatte am Entwurf eines Briefes an ihren Vormund gearbeitet, in dem sie ihn bat, sie schleunigst nach Oldenburg zurückzuholen, doch ihre Augen hatten zu schmerzen begonnen. Nun saß sie einfach auf dem Bett und starrte blind vor sich hin, als die Tante eintrat.

Deren sonst so gütiges, freundliches Gesicht wirkte starr und distanziert. «Hättest du wohl die Güte, nach unten zu kommen. Der Onkel möchte dich sprechen.»

Bis auf das Knarzen der Treppenstufen war es im Haus ganz still. In den letzten Stunden waren laute Stimmen zu hören gewesen – nun schienen alle Gäste fort zu sein. Hatte man Ludwig Ehrenwirth unter Schmähungen vom Hof gejagt, oder hatte er sich still und heimlich aus dem Staub gemacht? Letztlich war es gleichgültig.

Der Onkel empfing Helene nicht in der Wohnstube, sondern in seinem Amtszimmer. Wortlos wies er auf den Stuhl gegenüber seinem mächtigen Schreibtisch, auf dem sich Papierberge türmten. Der Anblick schnitt Helene ins Herz. Welche Ehrfurcht, welche Begeisterung er ihr vor einem knappen Jahr eingeflößt hatte. Und nun saß sie hier als Angeklagte. Helene nahm Platz, und die Tante setzte sich auf den Stuhl neben ihrem Mann.

«Warst du eingeweiht in die schändlichen Vorgänge in unserem Haus?» Der Onkel bemühte sich um einen gemäßigten Ton, doch in seiner Stimme grollte Donner.

«Nein.» Helene schüttelte den Kopf. «Es gab bis gestern auch nichts, was nicht ... Ich habe nur gesehen, was alle gesehen haben.»

«Dann trifft dich nicht die Schuld, meine Tochter in ihrem Treiben bestärkt zu haben?»

«Wir wussten alle, dass Ehrenwirth ihr den Hof macht. Marie hat es in aller Unschuld geschehen lassen, nichts weiter», erwiderte sie. «Er hat ihr auch etwas beigebracht. Sie haben zusammen gelesen und ...»

«Und jetzt sehen wir die Folge davon», sagte der Onkel streng. «Mädchen haben sich auch in dieser Hinsicht zurückzuhalten! Max hat uns berichtet, dass ihr beide eine unangemessene Wissbegierde an den Tag gelegt habt. Er musste dir praktisch sein Schiller-Seminar referieren, sagt er. Und Marie habe sich von Ehrenwirth zum Schriftstellern anleiten lassen. Ich bitte euch! Was habt ihr euch nur dabei gedacht! Wohin sollte das führen?»

«Zu mehr Wissen», entgegnete Helene trotzig. «Sonst nichts.»

«Es lässt Rückschlüsse zu auf die unbescheidene Geisteshaltung, die zu diesem Unglück geführt hat. Eine falsche Vorstellung von sittlicher und geistiger Freiheit, die euch nicht zukommt.»

Helene schwieg.

«Dass Marie für Ehrenwirth geschwärmt hat, konnte jeder sehen. Aber meine Frau sagt mir», der Onkel nickte Tante Adelgunde zu, «Marie habe sich mit dem Gedanken getragen zu heiraten. Auch gegen meinen ausdrücklichen Willen.»

Was sollte sie darauf sagen? Dass Marie das Recht auf einen eigenen Willen hatte? «Sie hat es erwogen.»

Er schnaubte. «Ehrenwirth hat ihr dazu natürlich auch genügend Anlass gegeben. Trotzdem kann ich einfach nicht fassen, dass sie sich ohne Begleitung mit dem jungen Mann in die Scheuer zurückgezogen hat. Angeblich hat sie ihn sogar zuerst geküsst.»

Helene blieb stumm. Selbst wenn das stimmte, war es keine Entschuldigung für das, was Ludwig ihr danach angetan hatte. Die Tante schüttelte bekümmert den Kopf.

«Onkel, du musst Ehrenwirth dazu bringen, sie zu heiraten.»

Der Pfarrer lehnte sich resigniert in seinem Stuhl zurück. «Das habe ich heute stundenlang versucht. Er hat mir gestanden, dass er aus Schwäche der Verführung erlegen sei. Das empfindet er als Schande, für die er Marie verantwortlich macht. Er spricht geradezu mit Abneigung von ihr.» Er presste voll unterdrückter Wut die Zähne aufeinander.

«Onkel, du glaubst doch nicht, dass es so gewesen ist! Du glaubst doch nicht wirklich, dass sie verantwortlich ist! Er hat Maries Unschuld geraubt!»

«Ich stimme dir zu, ihm fehlt jeder Anstand. Sittlichkeit erfordert, dass man seine Sinnlichkeit der Vernunft unterordnen kann. Möglicherweise lernt er es noch, Gott sei ihm gnädig.» Er schüttelte niedergeschlagen den Kopf. «Und du hast auch darin recht, dass ich Marie diesen Vorwurf nicht im selben Maße machen kann. Von einem Mädchen ist nicht zu erwarten, dass ihr Charakter sich zu der höchsten Idee sittlicher Reinheit erhebt, aber ihr Instinkt hätte sie warnen müssen.»

«Du hältst Mädchen für weniger sittlich?» Helene war empört. «Wird uns nicht immer gepredigt, Frauen müssten Menschen von höherer Moral sein?»

«Ihre Sittlichkeit wurzelt im Gehorsam. Gewissenskämpfe bleiben ihnen so erspart. Vorausgesetzt natürlich, sie lassen sich führen.» Der Onkel seufzte. «Meine Tochter dachte, sie könnte selbst über ihr Leben entscheiden. Nun muss sie die Folgen ihrer Fehleinschätzung tragen.» Sein Gesicht war eine steinerne Maske.

«Was geschieht jetzt mit ihr?»

Der Pfarrer zuckte unwillig mit den Schultern. «Ich nehme an, wir schicken sie zu unserer Base ins Elsass. Adelgunde?»

«Wir müssen sehen, ob sie reisefähig ist, Max», entgegnete die Tante. Dann wandte sie sich an Helene. «Weißt du, wo sie ist?»

Helene schüttelte den Kopf. Sie war noch immer erschüttert darüber, dass Maries Vater die Beweggründe ihres Vergewaltigers eher zu begreifen schien als die seiner Tochter. Maries Ungehorsam war ihm Beleg genug für ihre moralische Verderbtheit.

Die Tante wenigstens machte den Eindruck, als ringe sie um Fassung. Helene ließ sich keine Gefühlsregung anmerken, auch wenn sie am liebsten in Tränen ausgebrochen wäre. Sie wurde kühl entlassen.

Marie blieb den ganzen Tag fort und kehrte auch am Abend nicht zurück. Als es dunkel wurde, machten sich der Pfarrer und Pfleiderer mit einem Suchtrupp auf, kehrten kurz nach zehn unverrichteter Dinge zurück, um etwas zu essen, und brachen erneut auf.

Helene wartete mit der Tante, die ausnahmsweise einmal kein Nähzeug in der Hand hatte, sondern abwechselnd ihre Hände knetete und betete, in der Wohnstube. In regelmäßigen Abständen kam Anna herein und brachte Tee. «En Hagel kommt selda ohne Sturm», murmelte sie und fügte beruhigend hinzu: «Des Mädle kommt scho wieder hoim.»

«Vielleicht habe ich mich zu sehr auf sie verlassen», durchbrach die Pfarrerin plötzlich das Ticken der Standuhr. «Ich habe mich zu wenig um sie gekümmert, zu wenig mit ihr gebetet. Man ist so beschäftigt mit dem Buben» – damit meinte sie Richard, der regelmäßig Unfug trieb –, «da habe ich mir zu wenig Zeit für das Mariele genommen.» Sie ließ den Kopf in die Hände sinken, dann blickte sie auf und betrachtete das Kreuz an der Wand. «Aus unserem Wirkungskreis als Frauen erwachsen uns andere Motive für sittliches Handeln als den Männern. Wir handeln weniger nach Prinzipien, wir fühlen uns in andere Menschen ein. Wir empfinden Moral unmittelbarer. Und ich weiß, dass Marie tief empfindet. Deswegen bin ich so erschrocken, dass sie sich nicht besser schützen konnte. Wieso konnte sie sich nicht besser schützen?»

Helene schwieg. Weil Marie nur dazu erzogen worden ist, sich an die Bedürfnisse anderer anzupassen, dachte sie. Ohne das Bewusstsein, dass man ein Individuum ist, gibt es keine Moral.

«Das Mariele ist so still, da denkt man eben, sie ist auch brav.»

«Aber Tante, sie ist doch brav!», entgegnete Helene. «Dass sie eine eigene Familie wollte, ist doch kein Vergehen. Vielleicht hättet ihr sie fragen sollen ...»

«Selig sind, die reinen Herzens sind. Ein Mädchen muss sein Schicksal annehmen und mit Gottvertrauen das Beste daraus machen», entgegnete die Tante. «Daran wollte ich sie beizeiten gewöhnen.»

«Ich halte das für eine altmodische Vorstellung», sagte Helene mutig. «Die Zeiten ändern sich. Warum sollten Mädchen so wenige Wege offenstehen? Wenn man auch Mädchen zu einem Beruf ausbilden würde, der sie ernähren kann, wären sie nicht angewiesen darauf, geheiratet zu werden.» Dann hätte Marie sich bestimmt auch nicht in die abwegige Idee verrannt, ihr Schicksal hinge an einem Knilch wie Ludwig Ehrenwirth.

Die Tante sah nickend vor sich hin. «Die Heirat bedeutet den größten Segen und das höchste Glück, davon bin ich überzeugt. Aber ich wünsche dir, dass du einen anderen Weg für dich findest, wenn es dich so sehr nach Unabhängigkeit verlangt. Du könntest Lehrerin werden. An ein Lehrerinnenseminar gehen.»

Helene sah die Tante überrascht an. Hatte sie das eben wirklich vorgeschlagen? «Ich kenne in ganz Oldenburg niemanden, der das getan hat.»

«Ich weiß von einigen Mädchen in Tübingen, die glänzende Examen gemacht haben. Ihre Familien sind stolz auf sie.» Tante Adelgunde stand auf und trat ans Fenster. Die finsteren Berge waren wolkenverhangen, von den Bäumen tropfte es nass. «Wo bleiben sie nur?»

Wieder senkte sich Schweigen über das Zimmer, nur das laute, vorwurfsvolle Ticken der Standuhr war zu hören. Was konnte Marie nur zugestoßen sein? Kurz nach Mitternacht kehrten der Pfarrer und der Vikar erschöpft und durchnässt zurück. Marie blieb unauffindbar.

Nach einer weiteren durchwachten Nacht setzte sich Helene trotz ihrer brennenden Augen an den Schreibtisch, um einen neuen Brief nach Oldenburg zu beginnen. Sie konnte es nicht ertragen, hierzubleiben und jeden Tag zu sehen, was sie angerichtet hatte. Sie hätte Marie offenbaren müssen, was sie von Ludwig hielt. Was, wenn Marie nicht mehr gefunden wurde?

Was, wenn sie sich etwas angetan hatte? Hatte sie ihre Freundin auf dem Gewissen? Helene ging es körperlich schlecht und schlechter. Zusätzlich zu ihren Augen tat ihr nun der gesamte Kopf weh, es war ein dumpfes Pochen, das stündlich stärker zu werden schien.

Hastig schrieb sie ihrem Großvater, sie wünsche, den Sommer bei ihrer Tante und Cousine in Schwarzenhütten auf dem Land zu verbringen. Und dann fasste sie zum ersten Mal in Worte, was ihr seit dem Gespräch mit der Tante nicht mehr aus dem Kopf ging. Sie wolle, schrieb sie, ab Herbst ein Lehrerinnenseminar in Berlin besuchen, um für ihr eigenes Auskommen sorgen zu können. Schnell frankierte sie den Umschlag und brachte ihn zu Anna in die Küche, damit diese ihn zum Gasthof Traube Post hinübertrug.

Da ihr Kopf zu platzen drohte, legte sie sich wieder ins Bett. Der Streit mit Max ging ihr nicht aus dem Kopf, seine offene Geringschätzung ihres Geschlechts. Sie würde ihn eines Besseren belehren. Quälender als die Erinnerung an seine Worte waren die Wut und Enttäuschung darüber, dass er sie als Mensch nicht zu schätzen schien. So wie Ludwig Marie geringschätzte, alles, was sie war, alles, was sie ihm hätte sein können. Es war eine Geringschätzung, die einer Auslöschung gleichkam. Vielleicht hatte Marie sie nicht überlebt.

Nachdem sie sich lange gequält gewälzt hatte, schlief Helene doch ein. Stunden später kam Anna, um nach ihr zu sehen und sie zum Mittagessen zu holen. «Noch immer keine Neuigkeiten von Marie?», fragte Helene. Die Magd schüttelte den Kopf.

Als Helene mit schmerzendem Kopf mit Onkel und Tante vor Sauerkraut, Kartoffeln und Schweineripple saß und sich fragte, wie sie sich zum Essen überwinden sollte, erklang vor dem Haus Hufgetrappel, dann wurden Rufe laut. Die Gasteltern eilten nach unten, Helene ans Fenster.

Unten im Hof stand ein Bauer, der soeben Marie von seinem alten Klepper herunterhalf. Sie sah durchnässt und bleich aus, schien aber bei Bewusstsein zu sein. Von ihrem Platz am Fenster aus wurde Helene Zeugin, wie die Tante auf ihre Tochter zustürzte. Mit einem Schluchzen zog sie ihr Kind an ihre Brust. Marie ließ es mit hängenden Armen geschehen wie eine Puppe. Auch der Pfarrer trat zu ihr und legte ihr eine Hand auf den Scheitel. Er sah erschüttert aus. Helene öffnete das Fenster einen Spalt, um hören zu können, was gesprochen wurde.

«... habe sie im Arbachtal gefunden, unterm Mädlesfelsen», berichtete der Bauer. «An dem Felsspalt, der in den Ursulaberg hinunterführt.» Er warf Marie einen unsicheren Blick zu. «Sie sagt, sie war bei der Urschel.»

Der Pfarrer wandte sich irritiert zu seiner Tochter um. «Was ist das denn wieder für eine Geschichte?»

«In der Nacht», sagte Marie mit leiser, bebender Stimme, «hat mich die Urschel in den Berg geholt.»

Eine Welle der Übelkeit überrollte Helene. Der Kopfschmerz wurde einfach zu stark.

«Ihr habt doch auch im Arbachtal nach ihr gesucht?», fragte die Tante, die Marie weiter fest im Arm hielt, ihren Mann.

«Natürlich. Aber wir sind nur bis zur Mühle gegangen», entgegnete der Pfarrer. «Nicht den Abhang hinauf, dazu war es zu finster.» Er wandte sich wieder zu dem Bauern um und schüttelte ihm fest die Hand. «Ich danke Ihnen vielmals. Wir stehen tief in Ihrer Schuld.»

Der Bauer winkte ab, seine Erwiderung bestand aus einer Aneinanderreihung von Zischlauten und gequetschten Vokalen. Er lüftete seine Mütze, griff nach dem Zügel seiner Mähre und führte das Tier zurück auf die Hauptstraße.

Voll bewundernswerter Ruhe und Entschlossenheit entfaltete die Tante das gesamte Spektrum ihrer praktischen Liebe und Fürsorge. Das Mittagessen blieb unberührt auf dem Tisch stehen. Anna musste für Marie ein Bad einlassen, Helene wurde eingeteilt, eine Suppe zu kochen, die Tante selbst wollte für einen beruhigenden Tee Kamille aus dem Garten holen.

«Brauchen wir Doktor Sautter?», erkundigte sich der Onkel, der sich offenbar nutzlos fühlte.

«Ich glaube nicht», entgegnete Tante Adelgunde ihrem Mann. «Max, geh arbeiten, du kannst hier nichts ausrichten.»

Als sie eine gute Stunde später für einen kurzen Moment zu zweit im Zimmer waren – Marie lag im Bett, Helene versuchte, ihr löffelweise die Suppe einzuflößen – öffnete Marie plötzlich weit die Augen und sah Helene eindringlich an. «Ich wollte vom Mädlesfelsen springen», sagte sie, als müsste diese Erklärung noch gegeben werden. «Um vor dem Jäger zu fliehen. Aber dann hat mich die Urschel geholt.» Ihr Blick hing erwartungsvoll an Helene, doch als diese nichts sagte, schlossen sich Maries Augen wieder, und sie ließ den Kopf ins Kissen zurücksinken. Danach sprach sie nicht mehr. Es war kein weiteres Wort mehr aus ihr herauszubringen.

Am Abend wurde Helene ernsthaft krank. Anna bettete sie um in Alwines altes Zimmer, in dem nun stets die Vorhänge zugezogen blieben, denn das Licht schmerzte wie Messerstiche im Kopf. Helene war schwindelig und übel, und die Tage dämmerten ins Land, ohne dass sie hätte sagen können, wie viele es waren.

Als es ihr wieder besser ging, hatte sich etwas in ihr verändert. Sie hatte sich hier so gern einfügen wollen, hatte geglaubt, in diesem gebildeten Milieu ihren Platz gefunden zu haben. Doch der Anschein hatte getrogen. Man begegnete ihr in den Kreisen der Eiferts nicht mit echtem Wohlwollen, nicht ihr, nicht Marie, keinem Mädchen. Ihr Geschlecht stand ihrem Menschsein im Wege. Niemals würden diese gebildeten Männer darüber hinwegsehen, dass sie ein Mädchen war, und ihr als Person dasselbe Recht einräumen. Die Trauer über diese Erkenntnis bewog sie dazu, noch einen Tag länger im Bett liegen zu bleiben und an die weiß getünchte Decke ihrer Kammer zu starren.

Es kam nichts Gutes dabei heraus, wenn man sich bemühte, seine Ziele innerhalb eines zu eng gesteckten Rahmens zu erreichen. Man verbog sich oder wurde verbogen. Man musste den Rahmen zurückweisen. Man durfte nicht versuchen zu gefallen. Man musste sich selbst einen neuen Rahmen schaffen, und das vielleicht immer wieder, je mehr man wuchs, je mehr man erreicht hatte.

Helene war überzeugt: Max und Ludwig waren weder stärker noch klüger als Marie und sie selbst. Sie bekamen nur die nötige Unterstützung, und zwar unter anderem von Marie und ihr, indem sie ihnen beispielsweise die Wäsche wuschen oder ihnen für ihre Arbeiten passgenau Abschriften aus der Bibliothek des Pfarrhauses schickten. Helene selbst würde versuchen müssen, es auch ohne Unterstützung zu schaffen. Zwar konnte sie nicht an die Universität gehen, aber sie würde etwas lernen und Lehrerin werden. Zur Not würde sie sich selbst beibringen, was sie wissen musste.

Es lag auf der Hand, dass sie sich mit ihrer Aufmüpfigkeit aus der Wertegemeinschaft der Eninger Gemeinde ausschloss. Hier wurde von Frauen nichts als Unterordnung und Pflichterfüllung erwartet. Doch Helene würde sich nicht mehr unterordnen. Auch der Glaube, wie er hier gelebt wurde, bestand aus Regeln, die Frauen kleinhielten. Der Pfarrer gab vor, die Gemeinde gehorchte.

Ihr Verstand konnte ohnehin schon seit Längerem nicht mehr allem folgen, was die kirchlichen Rituale zu enthalten versprachen. Helene richtete einen entschlossenen Blick in den blauen Himmel vor ihrer Fensterscheibe und entschied, nie wieder ein Abendmahl einzunehmen. Die Gemeinschaft der Christen – gehörte sie überhaupt dazu? Welchen Segen hatte sie Marie gebracht? Sie hatte sie vor nichts geschützt.

Nach einer guten Woche kehrten beide Mädchen genesen, aber geschwächt in die Stube zurück, wo Marie stumm in der Sofaecke saß und Socken stopfte oder vor sich hinstarrte. Helene versuchte ein- oder zweimal, sie anzusprechen, aber Maries leerer Blick ging durch sie hindurch – er verursachte Helene Gänsehaut. Danach traute sie sich nicht mehr, sich Marie zu nähern, und mied sie eher. Die Eltern jedoch behandelten ihre Tochter wie immer, gingen absichtlich nicht auf ihren reduzierten Zustand ein, blieben fest und freundlich. Niemand kam mehr zu Besuch. Keine von Maries Freundinnen aus dem Dorf ließ sich blicken. Auch der stete Strom von Verwandten- und Bekanntenbesuchen war unterbrochen. Keine Base, kein angeheirateter Onkel tauchte auf der Schwelle auf. Es hatte sich herumgesprochen, dass kein Segen auf dem Haus lag.

Onkel und Tante sprachen nicht mehr davon, Marie ins Elsass zu schicken. Vielleicht würden sie es später tun, wenn ihre Tochter wieder an Kraft gewonnen hatte. So, wie sie Maries Zustand liebevoll und fürsorglich hinnahmen, trugen sie auch die ihnen auferlegte öffentliche Schande mit bewundernswertem

Gleichmut. Abends führten sie miteinander lange Gespräche. Helenes Entschluss in Bezug auf das Abendmahl allerdings führte zu einer gewissen Aufregung. Der Onkel nahm sie vergeblich ins Gebet, der Kummer der Tante war jedoch schwerer auszuhalten.

Ihr öffnete sich Helene eines Vormittags ganz. Sie glaubte nicht mehr, unter Gottes Fittichen geborgen zu sein. Die grausame Wirklichkeit erschien ihr wie etwas, das jenseits eines göttlichen Bewusstseins existierte und eigenen materiellen Regeln folgte. Die Wirklichkeit war ein Produkt der Materie allein – Stärke siegte, Männer siegten. Ein göttliches Walten, eine Belohnung christlicher Tugend war nicht zu erkennen. Ihre Glaubenskrise war ihr ernst.

«Wirf doch dein göttliches Erbteil nicht hin um das elende Linsengericht menschlicher Klugheit willen!», rief die Tante bekümmert, zog sie dabei aber heftig in ihre Arme. Schließlich erklärte sich Helene bereit, weiter den Gottesdienst zu besuchen, aber was den Hokuspokus des Abendmahls anging, blieb sie hartnäckig. Sie würde von nun an ihrem Verstand folgen und keine unsinnigen Traditionen mehr mitmachen.

Die Erde war ein schwankender Boden. Man musste ehrlich sein und direkt und sich Menschen und Institutionen suchen, die einem in ihrer Ehrlichkeit Halt gaben. Man musste die Sümpfe des Gefühls möglichst umschiffen. Lieber die ehrliche Auseinandersetzung als ewiges Beschwichtigen und Schönreden.

Die Kirche war nun leerer als gewöhnlich, doch da sie stets überfüllt gewesen war, störten sich wenige Anwesende daran. Bereits an Pfingsten jedoch führten Schultheiß Amos und Doktor Sautter eine Schar von Bürgern nach dem Gottesdienst wie früher zum Kirchenkränzchen herüber ins Pfarrhaus. Sie schritten loyal voran, und tatsächlich folgte ihnen bald eine ansehnliche Anzahl von Bürgern.

Bei ihrem Anblick machte Marie Anstalten, auf ihr Zimmer zu fliehen, doch ihre Mutter legte ihr die Hand auf den Arm und führte sie zu ihrem Platz auf dem Sofa. Dort saß Marie dann in ihrem schwarzen Kleid, das sie inzwischen am liebsten trug, und ihre Miene blieb leer. Ihr Blick ging, wie nun oft, aus dem Fenster hinaus zum Ursulaberg.

Ohne Vorwarnung stand eines Tages für Helene Besuch aus der Heimat vor der Tür: Es war der alte Freund ihres Vaters, Pastor Rieken aus Rodenkirchen. Großvater hatte ihn geschickt, um Helene abzuholen und über den Sommer zu ihrer Tante nach Schwarzenhütten zu bringen. Pastor Rieken seinerseits hatte die Gelegenheit, seinen alten Freund Max Eifert zu besuchen, bereitwillig und gerne ergriffen.

Helene begrüßte den Pastor freudig und war unaussprechlich erleichtert. Sie führte ihn in den Garten, wo die Familie mit dem Vikar unter der alten Buche saß. Der Onkel sprang begeistert auf und fiel seinem Studienfreund in die Arme. Bald unterhielten sie sich angeregt, und Helene labte sich an dem norddeutschen Zungenschlag des Pastors, der sie an ihren Vater erinnerte, doch gleichzeitig auch an das sorgenfreie Mädchen, das sie einmal gewesen war. Angestrengt starrte sie geradeaus, um sich nicht anmerken zu lassen, dass sie am liebsten geweint hätte, und dabei fiel ihr Blick auf die Pfarrscheuer hinter dem Gebüsch. Es war nun alles anders.

Abends, sie packte schon einmal einige ihrer Sachen für die Abreise in wenigen Tagen, klopfte es an ihrer Tür und Pastor Rieken steckte den Kopf ins Zimmer. «Darf ich hereinkommen?» Helene nickte und sank aufs Bett, der Pastor zog sich den Stuhl heran und setzte sich. «Wie steht es, Helene?», fragte er.

Als sie den Mund öffnete, um zu antworten, begann sie zu ihrem Entsetzen zu weinen. Besorgt tätschelte er ihre Schulter, bis sie sich wieder gefasst hatte. Es dauerte lange.

«Als ich gehört habe, dass du abgeholt werden möchtest, dachte ich mir schon, dass du unglücklich bist», sagte er. «Aber du hast mir doch noch im Herbst solch begeisterte Briefe geschrieben. Was ist passiert?»

Helene konnte ihm nicht alles erzählen. Sie würde Maries Schande nur vergrößern, wenn sie darüber sprach. «Ich kann nicht mehr mit zum Abendmahl», sagte sie stattdessen. «Der Onkel ist ungehalten und versteht es nicht. Aber ich kann einfach nicht mehr glauben, dass Christus auferstanden unter uns weilt. Es widerspricht auch allen Gesetzen der Natur. Ich glaube, wir sind hier allein.»

Pastor Rieken beugte sich vor und stützte sich mit den Unterarmen auf den Knien ab. «Weißt du», sagte er mit gedämpfter Stimme, «hier denken sie, Frauen müssten sich um so etwas keine Gedanken machen. Ich sage immer: Man muss seinen Glauben so leben, wie man kann. Und wenn man etwas nicht glauben kann, soll man den Rest deswegen nicht loslassen.»

Helene nickte. Auf einmal fiel ihr das Atmen leichter. «Ich muss nach Hause, Herr Pastor. Ich habe Pläne.»

Die Erleichterung, der Situation bald entfliehen zu können, in die Marie und sie sich gebracht hatten, ließ Helene am nächsten Morgen mit klarem Kopf erwachen. Sie fühlte sich ruhiger, als sie aufstand und sich reckte. Plötzlich sah sie beim Blick aus ihrem Fenster wieder, wie schön es hier war. Der Garten lag still und grün vor ihr, sanft erhoben sich dahinter die Berge.

Sie würde all das Gute, was sie in ihrem Jahr in Eningen erfahren hatte, nicht vergessen. Sie wollte so versöhnlich wie möglich von hier scheiden.

Am Vormittag gingen alle Hausbewohner ihren Erledigungen nach. Helene wusste, Marie würde wie immer teilnahmslos in der Stube sitzen. Sie fasste sich ein Herz und ging hinunter. Diesmal würde sie mit ihr sprechen, egal, ob sie ihr zuhörte oder nicht. Bei Maries Anblick verharrte Helene einen Moment in der Tür. Wie schön sie war, in all ihrer durchscheinenden Blässe, und wie unerreichbar fern. Ihr leicht gewelltes dunkles Haar glänzte in der Sonne. Helene gab sich einen Ruck, betrat den Raum und setzte sich neben Marie.

Diese warf ihr einen überraschten Blick zu, bevor sie wieder aus dem Fenster sah. Es war, als nähme sie kaum wahr, dass sie nicht mehr allein war. Helene zögerte, dann berührte sie vorsichtig Maries Hand. Ihre Freundin zuckte zusammen und zog die Hand zurück, doch nun schien ihre Aufmerksamkeit geweckt.

«Ich möchte mich bei dir entschuldigen», sagte Helene mit fester Stimme. «Ich war so hart zu dir, weil ich mich schuldig fühle. Ohne mich wärst du nie auf den Gedanken gekommen, ungehorsam zu sein, Ludwig zu ermutigen und mit ihm aus dem Wirtshaus wegzugehen. Ich war naiv und dumm. Das weiß ich jetzt, und ich nehme die Verantwortung an. Es tut mir so leid.»

Marie schüttelte den Kopf. Sie wollte etwas einwenden, aber Helene sprach schnell weiter.

«Und wenn ich mich nicht mit Ludwig gestritten hätte, ohne darauf zu achten, wer uns hören kann – dann wäre dir die öffentliche Schande vielleicht erspart geblieben. Verzeih mir bitte.»

Marie hatte nicht aufgehört, den Kopf zu schütteln. Sie blickte dabei zu Boden. «Du bist nicht schuld», sagte sie nun kaum hörbar. «Du hast ihn zur Rede gestellt. Du bist mutig.»

«Kann ich es wiedergutmachen?» Der Kloß in Helenes Kehle schwoll an. «Kann ich irgendetwas für dich tun?», würgte sie hervor.

Marie schüttelte weiter den Kopf. Doch nun blickte sie auf und sah Helene dabei direkt an. Fältchen entstanden um ihre dunklen Augen herum, ein Lächeln breitete sich auf ihrem Gesicht aus. Sie griff nach ihrer Hand, eine zarte, weiche Berührung, die Helenes mühsam zurückgehaltene Tränen ins Rollen brachte. Schnell blickte sie zur Seite, um sie zu verbergen. Marie richtete den Blick wieder hinaus auf den Ursulaberg.

So saßen sie eine Weile nebeneinander und hielten sich an den Händen, Helenes Frage hing zwischen ihnen, nicht zu beantworten, bleischwer.

Helene glaubte schon, Marie wäre wieder in ihre ferne Welt zurückgekehrt und hätte sie bereits vergessen. Sie hatte sich wieder gefasst und wollte sich gerade erheben, da flüsterte Marie etwas. Eine Antwort. Helene musste sich zu ihr hinüberbeugen, um sie zu verstehen.

«Bleib mutig», sagte Marie.

HELENE

Zwischen Berlin und Hamburg
1.2.1927

Sie sind zu zweit im Abteil, einem Coupé nur für Frauen, wie es sie angenehmerweise neuerdings gibt. Alleine hätte Helene die Bahnreise nicht unternehmen mögen – sie ist froh, dass Gertrud mitkommt und sich um alles kümmert. In Spandau ist ihre Sitznachbarin ausgestiegen, die sich in ihrer kurzen gemeinsamen Zeit im Abteil dreimal die Lippen nachgezogen hat. Helene kann diesen Malerarbeiten nichts abgewinnen, sie ekelt sich ein wenig davor.

Sie hat schlecht geschlafen und ist deswegen kurz eingenickt. Jetzt, wo sie wieder wach ist, fühlt sie sich sehr matt. Lange kann es nicht mehr dauern, dieses Leben. Der Umstand bekümmert sie nicht, ihr ist wohl bewusst, dass sie für die Menschen um sich herum immer mehr zur Last wird. Sie hat sich trotz Phasen heftigen Zweifels ihren alten Kinderglauben erhalten, demzufolge sie an einem ewigen Leben teilhaben wird, das den Tod überwindet. Natürlich spricht sie darüber nicht.

Draußen ziehen weite mecklenburgische Felder und Wälder vorbei, kaum je ein Dorf. Helene wünschte, sie könnte in diesem Zwischenzustand verharren, niemals ankommen. Die morgige Zeremonie zur Umbenennung von Emmys Oberrealschule steht ihr bevor. Die Mädchen und die Eltern rechnen mit einer kraftstrotzenden, wortgewandten Namenspatronin und Kämpferin für das Bildungsrecht der Frauen. Doch sie ist müde, alt und hässlich.

«Ich bin froh, dass deine Büste nun in die Nische eingemauert wird», sagt Gertrud unvermittelt. «Nicht, dass ein Nachfolger von Emmy sie wieder herausreißen lässt, weil er keinen Frauenkopf aus Marmor im Foyer seiner Schule haben möchte.»

Helene muss lachen. «Der alte Kopp! Eine Zierde ist er ohnehin nicht. Du bist ganz schön misstrauisch.»

«Nachdem mich die Partei in der Schundaffäre wieder einmal so im Stich gelassen hat, ist mein Vertrauen in die Menschheit nicht gerade gewachsen. Ach, wusstest du überhaupt schon – nun kürzen sie den Lehrerinnen in Preußen wieder das Gehalt.»

«Sie sollten gleiches Gehalt bekommen wie die Männer, und stattdessen wollen sie es wieder kürzen?»

«Wir müssen sparen. Man hat überlegt, die neue Besoldungsregelung auf alle Ledigen auszudehnen. Aber sie trauen sich nicht, es den Männern zuzumuten.»

«Und bei den Frauen trauen sie sich alles. Da hat sich wenig geändert.» Helene seufzte. «Als alles noch Hoffnung und Zukunft war, denke ich manchmal, war es leichter.»

Gertrud legte den Kopf zur Seite und sah sie lächelnd an. «Dafür bin ich zu spät geboren.»

Helene sah nickend vor sich hin. «Als wir 1890 den Allgemeinen Deutschen Lehrerinnenverband gegründet haben, da hatte ich solche Hoffnung, dass wir uns gegen die Reaktionären zügig durchsetzen würden. Die männlichen Kollegen verteidigten ja nur ihre Pfründe und hatten keinerlei Argumente. Aber immer wieder werden wir zurückgeworfen. Manchmal frage ich mich, ob sich alles gelohnt hat.»

Gertrud greift nach ihrer Hand. «Wir haben das Wahlrecht. Du selbst warst Alterspräsidentin der Hamburgischen Bürgerschaft. Emmy ist Hamburgs erste weibliche Leiterin einer höheren staatlichen Schule. Es sieht so aus, als könnte sie bald Oberschulrätin werden, ich sitze im Parlament. Wäre das vor sechzig Jahren denkbar gewesen?»

Helene lachte auf. «Ausgeschlossen. Natürlich haben wir eine Zeitenwende hinter uns, die lässt sich nicht mehr zurückdrehen. Aber in Hamburg beispielsweise haben sie vor gut zwei Jahren das Lehrerinnen-Zölibat faktisch wieder eingeführt. Dabei hatten wir es erst 1919 abgeschafft. Jetzt gilt: Heiratet man, verliert man seine Stelle. Emmy ärgert sich besonders darüber.»

«Warum? Wollte sie mal heiraten?»

«Das nicht. Aber es gab in ihrer Jugend einen frechen Kerl, einen drittklassigen Schriftsteller, der ihre Situation ausnutzen wollte. Er war verheiratet, hat sie trotzdem umworben und ihr wohl den Kopf verdreht. Er wollte ihr weismachen, sie müsste sich gegen die Ungerechtigkeit des Zölibats stemmen, indem sie als junge Lehrerin freie Liebesverhältnisse auch mit verheirateten Männern eingeht – damit meinte er natürlich sich.»

«Ha! Dieser feine Herr Frenssen! Ja, von dem hat sie mir mal erzählt!»

«Er wollte für diese krude Vorstellung von berufstätigen Frauen Anhängerinnen finden. Er sagte, damit würde dann sogar die Prostitution obsolet! Abstrus! Emmy hat er sehr unter Druck gesetzt. Sie würde zum seelischen Krüppel werden, wenn sie sich ihm als ihrem ‹Helden› nicht hingäbe – irgend so einen Quatsch. Gemeingefährlich. Und nur ermöglicht dadurch, dass Lehrerinnen nicht heiraten durften. Das bringt manche Frauen in unmögliche Situationen.»

Gertrud schüttelt fassungslos den Kopf. «Du hast schon

recht, es gibt immer wieder Rückschritte. Aber davon hast du dich noch nie unterkriegen lassen.»

Helene nickt. Nein, sich unterkriegen zu lassen von Zusammenrottungen bornierter Männer, die sich ihre Überlegenheit mit allen Mitteln sichern wollen – das fällt ihr nicht ein. «Ich bin auch mehr als froh, dass ich den Allgemeinen Deutschen Lehrerinnenverein unter Emmy in solch guten Händen weiß. Sie steuert das Schiff schon in die richtige Richtung. Du hast recht. Es ist nicht alles verloren.»

Gertrud lächelt. Sie hat kein Talent für Pessimismus oder Feindschaft gegenüber Rückwärtsgewandten – schade eigentlich. Immer bleibt sie konstruktiv, immer fleißig.

«Ich bin froh», spricht Helene weiter, «dass wir bei Emmy und ihrer Schwester unterkommen. In einem Hotel wäre es doch deutlich unbehaglicher.»

«Es tut mir leid, dass ich morgen nach der Veranstaltung gleich wieder nach Berlin muss. Aber schön, dass du noch ein paar Tage länger bei den beiden bleiben kannst.»

«Da bin ich mal ein paar Tage nicht einsam.»

Gertrud drückt ihr die Hand, sagt aber nichts dazu. Sie war in letzter Zeit außerordentlich viel auf Reisen.

Helene lässt den Kopf an die Lehne des Sitzes sinken. «Ich denke viel an früher in letzter Zeit. An meine Jugend, die Zeit in Eningen.»

«Warum?»

«Das Alter, zum einen, denke ich. Das andere ist, Marie Eifert hat mir schreiben lassen, du weißt schon, meine Eninger Pensionatsschwester. Anlässlich der Umbenennung der Schule übrigens. Ich bin gar nicht dazu gekommen, es dir zu erzählen.»

«Schreiben lassen?»

«Weil sie es offenbar selbst nicht mehr kann.»

«Was ist mit ihr?»

«Es ist so ein tragisches Schicksal.»

«Hast du mir je erzählt, wie es ihr in den Jahren nach deiner Abreise ergangen ist? Ich glaube, du hast immer mit eurer Versöhnung geendet.»

«Wir haben nur noch eine halbe Stunde bis Hamburg.»

«Erzähl trotzdem.»

Schwäbische Alb
1870

Sie war vor Tagesanbruch losgegangen. In der Küche hatte sie sich ein Stück Brot genommen und Wasser abgefüllt, dann war sie in die Dunkelheit hinausgetreten. Den Weg durch die Eninger Gassen fand sie blind, sie musste bloß achtgeben, dass der Nachtwächter sie nicht entdeckte. Bald war sie aus dem Dorf hinaus und wanderte das Obtal hinauf in Richtung Eninger Weide. In der Waldschlucht «Teufels-Küche» ging es ziemlich steil bergan. Auf dem gerölligen Steig wurde es allmählich hell, und als sie oben an der Albkante den Hannersteigfelsen erreicht hatte, konnte sie ganz Eningen überblicken. Auf die Kirchturmspitze fielen gerade die ersten schrägen Strahlen der Morgensonne, die für einen Moment durch die Wolken brach.

Sie hatte die Hochfläche der Alb erreicht, die sich beinahe flach und grün vor ihr erstreckte. Marie wanderte durch die Lindenallee auf den Wald zu, bog nach links ab und sah von Weitem einige Pferde des Fohlenhofs St. Johann auf den Weiden stehen – man hatte sie bei dem schönen Wetter schon hinausgelassen. Sie hielt sich abseits der wenigen Häuser immer am Rand des prächtigen Buchenwalds, der sich hier erstreckte. Die Albluft war rein und köstlich, besonders jetzt am Morgen.

Bald durchquerte sie das kleinere Bleichstetten und tauchte in den dichten Wald ein, der über den Hügel nach Lonsingen führte. Sie hatte sich beim Pfarrkränzchen am Sonntag bei Krämer Auer unauffällig nach dem Weg erkundigt – die Krämer kannten die Dörfer der Alb ja wie ihre eigene Westentasche.

Sie hatte in den drei Jahren seit dem «Vorkommnis» wieder besser in ihr Leben zurückgefunden. Mutters geduldige Pflege, Vaters freundliche Unterstützung hatten es ihr allmählich ermöglicht, in kleinem Kreis auch gelegentlich wieder geselliger zu sein. Sie konnte verlässlich kleinere Arbeiten übernehmen, auch wenn sie wenig spürte und noch viel Ruhe brauchte. Nur noch ab und zu hatte sie Blei in den Knochen, herrschte in ihrem Kopf Leere. Auch die Menschen im Dorf redeten wieder mit ihr, man hatte ihr vergeben. Die mitleidigen Blicke musste sie eben ertragen. Auer hatte sich gefreut, als sie ihn angesprochen hatte, und ihr arglos alles verraten, was sie wissen musste. Auf einem Zettel hatte sie sich danach die Weggabelungen notiert, die sie nehmen musste. Trotzdem war sie erleichtert, als nach einer knappen Stunde Weges durch den finstern Forst hinter einer Hügelkuppe die wenigen Dächer von Lonsingen vor ihr auftauchten.

In Max' Wäschekistle lagen für gewöhnlich keine Briefe mehr an sie – allenfalls vermerkte er, wenn er etwas «dringend» brauchte und sie sich darum kümmern sollte. Doch er schrieb der Mutter, und diese ließ die Briefe oft Marie lesen, bevor sie selbst dazu kam. Letzte Woche war das ein Fehler gewesen, wie sie hinterher reuevoll sagte. Denn in dem Brief hatte gestanden, dass «der Halunke Ehrenwirth» es tatsächlich zum Vikar gebracht habe oben auf der Alb in Gomadingen – Gott sei seiner armen Gemeinde gnädig. Er habe sich sogar mit der Pfarrerstochter dort verlobt.

Der Brief hatte alles wieder an die Oberfläche geholt, was Marie drei Jahre lang mit aller Gewalt niedergehalten hatte. Die Verzweiflung brach hervor, die Entrüstung und die Wut.

Er hatte sie belogen – er wolle sie bilden und zu sich emporheben, hatte er gesagt – und ihre Ahnungslosigkeit und ihre Hoffnungen schändlich missbraucht. Wie in den furchtbaren Wochen im Elsass, aus dem man sie hatte zurückholen müssen, schlief Marie nicht mehr vor Elend und Hass. Und in einer dieser schlaflosen Nächte beschloss sie, ihn nicht einfach davonkommen zu lassen. Er hatte, nachdem er ihr Leben beendet, ihr Schicksal besiegelt hatte, einfach weitergelebt wie zuvor. Sicher, der Kreis um Max hatte ihn geschnitten. In der Germania hatte Max kein Ausschlussverfahren gegen Ludwig angestrengt, um die Schmach seiner Schwester nicht noch öffentlicher zu machen, aber die aktiven Germanen hatten Ludwig ihre Freundschaft aufgekündigt. Er hatte die Universität gewechselt. Eine schöne Zeit hatte er nicht hinter sich. Aber nun – verlobt!

In Gächingen bog sie von der Dorfstraße ab und folgte dem Lauf der Gächinger Lauter, die, so hatte Auer ihr versichert, kurz vor Gomadingen in die Große Lauter münden würde. Der Fluss schlängelte sich durch ein liebliches Tal, in dem sich rechts und links des Flüsschens wellige, bewaldete Hügel hinzogen. Die Sonne musste schon recht hoch stehen, man sah sie nicht hinter der gleichmäßigen Wolkendecke. Marie setzte sich ans Wasser, kühlte sich die Stirn und aß ihre Brotscheibe. Im Grunde war es schön, frei in die Welt hinauszuspazieren. Wenn sie nur ein Mann wäre. Selbst eine arme Krämersfrau mit einer Kiepe voller Borten wäre sie lieber gewesen als eine entehrte Pfarrerstochter, die froh sein konnte, dass ihre Eltern sie nicht verstießen. Lieber in die Welt hinaus und für das eigene Brot arbeiten, als auf die Gnade anderer angewiesen und ihnen dadurch auf ewig ausgeliefert zu sein.

Marie stand wieder auf und klopfte sich das Heu vom Rock. In eigener Sache tätig werden würde sie. Daran hatte sie seit über drei Jahren nicht zu denken gewagt. Sie hatte nicht den Mut gehabt, selbst Entscheidungen zu treffen. Wie ein Kind hatte sie täglich die Anweisungen ihrer Mutter befolgt, und beinahe hatte sie sich in ihrer Selbstaufgabe wohlgefühlt. Doch manchmal waren Wochen verstrichen, ohne dass sie hätte sagen können, inwiefern sie selbst überhaupt dabei gewesen war.

Seit dem Brief war sie wie aus einem Dornröschenschlaf erwacht. Ihr war flau im Magen von der Wut, die nicht mehr wegging. Beim Wandern ebbte sie etwas ab, aber sobald sie stehen blieb, stieg ihr die bittere Galle wieder in die Kehle. Trotzdem war es besser, als nichts zu spüren. Nach einer weiteren Wegstrecke mündete das Flüsschen in die Lauter, und Marie erblickte den spitzen Turm der Martinskirche von Gomadingen. Er ragte schon von Weitem auf, denn die Kirche stand auf einem Hügel mitten im Ort. Sie war von einer hohen, weiß getünchten Friedhofsmauer umgeben.

Marie musste zuerst an dem Dorf vorübergehen, bis sie die Brücke fand, die über die Lauter hineinführte. Das stattliche Pfarrhaus befand sich direkt gegenüber der Friedhofsmauer, es war nicht schwer zu finden. Es war ein dreistöckiges Gebäude mit Satteldach und rot gestrichenen Fensterläden. Die Fenster lagen zu hoch, als dass Marie hätte hineinspähen können, wie sie es vorgehabt hatte.

Es war schon Mittagszeit, und die Straßen waren düster und leer. Sie gönnte sich keine Minute, um abzukühlen oder Luft zu schöpfen. Es flimmerte vor Maries Augen, als sie an dem Haus hinaufblickte. Da glaubte sie, in dem Mansardenfenster ganz oben sein Gesicht zu erkennen. Der Hass in ihr schwappte nach oben und zischte in ihren Ohren. Die Welt um sie wurde dunkel.

Mit wenigen Schritten war sie an der Haustür und hämmerte mit den Fäusten dagegen. «Mach auf! Mach auf, du Schuft! Ludwig! Ludwig! Mach auf! Gib mir zurück, was du mir genommen hast!» Sie schrie aus Leibeskräften wieder und wieder seinen Namen. Lange Zeit blieb es im Haus ruhig, dann öffnete sich das Fenster über der Tür. Ein Frauenkopf schob sich heraus, blond bezopft und jung.

«Kann ich Ihnen helfen?»

«Schickt den Ludwig heraus! Er hat mir etwas gestohlen! Er schuldet mir etwas! Ich bin gekommen, es mir zu holen!»

Das Gesicht wirkte bleich und mitgenommen. «Der Herr Vikar hat Ihnen bestimmt nichts ...»

«Er hat mir meine Ehre gestohlen! Und jetzt versteckt er sich hinter einem Rock?» Maries Stimme überschlug sich.

Röte stieg in das Gesicht des Mädchens. Sie starrte sie an, als wäre sie eine Irre. «Hören Sie, das ist mein ehrenwerter Mann, von dem Sie da sprechen! Und wenn Sie ihn weiter auf offener Straße verleumden, dann ... dann ...»

«Ihr Mann!»

«Wir sind seit letztem Mittwoch ein Ehepaar!»

Marie taumelte rückwärts. Sie hatte mit allem gerechnet, aber nicht damit, dass Ludwig bereits verheiratet sein könnte. Verlobt, hatte Max geschrieben. Hatte er so schnell heiraten *müssen?* Sie sah in das verstörte Gesicht hinauf und wusste auf einmal, dass es so war.

Im Nachbarhaus öffnete sich ein Fenster.

«Er muss mir wiedergeben, was er mir genommen hat!»

Die Frau warf hektisch einen Blick über die Straße, schüttelte den Kopf und schlug das Fenster zu. Dann öffnete sie es wieder und rief: «Ich lasse den Büttel rufen!», bevor sie es erneut zuschmetterte.

Benommen wandte Marie sich ab. Verheiratet! Sie war zu

spät. Zu spät für Vergeltung, zu spät für Wiedergutmachung. Dabei hatte sie doch gefühlt, dass er ihr etwas zu geben hatte. Er hatte es genommen, das Vertrauen, es musste doch noch irgendwo sein! Das Mädchen, das er fortgelockt hatte, wohin hatte er es gesperrt? Wenn er sie doch noch geheiratet hätte, vielleicht hätte sie es dann wiedergefunden?

Sie blickte sich gehetzt um. Der Büttel würde ihr nicht helfen, ihren Anspruch durchzusetzen. Niemand hatte geholfen, alle hatten nur auf Maries Sünde verwiesen, wieso sollte der Büttel anderes tun? Würde er kommen und sie mitnehmen? Sie musste fort, schnell.

Sie eilte aus dem Ort, über die Brücke, den Fluss entlang, schnell außer Sicht. Doch ihre Beine waren schwer. Plötzlich spürte sie, wie erschöpft sie war. Unverrichteter Dinge musste sie zurückkehren. Auf dem Weg nach Gächingen verdüsterte sich der Himmel. Marie achtete nicht darauf. Sie hatte Durst. Der Durst brannte in ihrer Kehle. Sie stieg hinunter, um aus dem Bächlein zu trinken, rutschte aus und wurde ganz nass. Noch schwerer.

Als sie das nächste Mal von ihren Stiefeln aufblickte, hinter Lonsingen, war plötzlich alles grau. Nebel zog auf, schnell, er kroch schon vom Waldrand heran. Es konnte schnell gehen mit dem Nebel auf der Alb, Vater hatte immer davor gewarnt, man sah dann die Hand vor Augen nicht. Sie bog vom Weg ab und lief querfeldein über das Feld, sie musste schnell hinüber in den Wald, dort wurden die Schwaden vielleicht nicht so dick.

Sie war nicht schnell genug. Ihr Fuß sackte ein und sie stürzte, hatte die Senke vor sich nicht gesehen. Sie kullerte ein kleines Stück hinunter in die Mulde, die schon gefüllt war, voll mit dichtem Nebel. Marie setzte sich auf, klopfte sich den Schmutz vom Rock und sah sich um. Es war alles weiß. Sie hob die Hand und hielt sie sich vor die Augen. Hinter ihren Fingern versank die Welt in wabernder Helligkeit.

Angst schnürte ihr die Kehle zu. Sie rief um Hilfe, aber wer sollte sie hören, hier draußen auf dem Feld? Bei Nacht und Nebel trieben sich nur Bösewichte herum. Sünder wie der Eninger Raubmörder Mühleisen, den Vater vor seiner Hinrichtung zum wahren Glauben bekehrt hatte. Der böse Mensch war nachts durch Reutlingen geschlichen und hatte eine Witwe wegen ihres Schmucks erschlagen. Marie wollte nicht erschlagen werden. Sie kauerte sich zusammen und schlang die Arme um die Knie.

Nun fiel ihr mit Grausen ein, was Gustav Schwab gedichtet hatte:

«*Wenn die Nebel Schleier weben*
Um Gebirg' und Flur,
Regt in der Natur
Sich ein andres Leben.»

Das andere Leben, sie spürte es nun deutlich um sich. Das Gedicht hieß: «Die Feien des Ursulenberges». Gustav Schwab hatte sie ebenfalls gesehen, die Feen der Urschel. Ihre übersinnliche, magische Präsenz, die die anderen nicht wahrnahmen.

Die Erinnerung kam zurück an die Nacht am Fuß des Mädlesfelsens, vor dem Eingang zum Berg. Jetzt griff die Urschel wieder nach ihr. In den feuchten weißen Schwaden verbarg sich die Fee in ihrem weißen Gewand, mit ihren weißen Nachtfrauen. Marie konnte sie nicht sehen, aber sie hörte das Flattern ihrer Kleider, sie wusste, sie streckten die Hände nach ihr aus.

«Nein!», wimmerte sie und wand sich zitternd unter ihren leichten Berührungen. Schauder überliefen sie.

Du bist auch verwunschen, flüsterte die Urschel. *Und niemand wird kommen, dich zu erlösen!*, wisperte eine zweite Stimme. *Komm zu uns herunter!* Marie hob den Kopf und starrte angestrengt in den Nebel. Er bewegte sich, kam auf sie zu.

Sie hielt stand, bis die Nacht hereinbrach. Dann gab sie auf. Ein ziehendes Kribbeln lief durch ihre ausgezehrten Muskeln. Sie ließ sich zu Boden sinken, schwer werden und dunkel, sie ließ sich hineinziehen in den Schlund der Erde. Sie würde nicht mehr frei werden, nie mehr.

HELENE

Hamburg
Februar 1927

«Sie haben sie am nächsten Morgen völlig durchgefroren auf einem Feld auf der Alb gefunden. Es hat ihr den Rest gegeben. Danach war sie endgültig nicht mehr erreichbar, schwer krank, verwirrt, sie hat jahrelang nicht mehr gesprochen. Man hat eine Schwermut diagnostiziert, aber kein Arzt konnte helfen.» Helene verstummt und nimmt einen Schluck Tee. Sie hat lange erzählt, erst im Zug, und dann haben sie in größerer Runde hier in Harvestehude weiter von Marie gesprochen.

Die beiden Beckmann-Schwestern sitzen Gertrud und ihr in ihrer gemeinsamen Wohnung in der Oberstraße gegenüber. Ihre betroffenen Gesichter verraten, dass ihnen die Geschichte dieses Scheiterns nahegeht.

«Ausgerechnet ein so behütetes Mädchen. Man hätte gedacht, dass sie besser geschützt wäre.»

Helene schüttelt den Kopf. «Sie dachten ja, sie würden sie beschützen. Aber was ein wirklicher Schutz gewesen wäre, wissen wir heute. Nämlich Bildung. Gelernt zu haben, selbstständig informierte Entscheidungen zu treffen und Verantwortung zu übernehmen. Marie wollte gerettet werden aus ihrer Unmündigkeit – nur wie, das war ihr nicht klar. Sie hat sich an den Nächstbesten gehängt, der es ihr zu versprechen schien.»

«Vielleicht könntest du morgen bei der Feier Maries Geschichte erzählen? Anonymisiert, meine ich?», schlägt Hanna Beckmann vor.

Helene ist entschieden dagegen. «Ich kann ihr Schicksal doch nicht an die Öffentlichkeit zerren. Aber ich werde an sie denken bei jedem Wort, das ich sage.»

Erschüttertes Schweigen. Emmy rückt ihre Brille zurecht und fragt dann: «Bist du Marie noch einmal begegnet?»

«Mehrere Male. Aber nicht in der Zeit, als es ihr wieder besser ging, erst danach. Wenn ich in Eningen war, saß sie nur in sich versunken in der Ecke. Man konnte ihr kaum eine Reaktion entlocken. Es war hart für ihre Eltern.»

«Sie musste also nicht in eine Anstalt?», hakt Emmys Zwillingsschwester Hanna nach, die ebenfalls Lehrerin ist.

«Erst nach dem Tod ihrer Mutter. Ihr Vater konnte sich nicht um sie kümmern, er brauchte selbst Pflege und zog zu seinem ältesten Sohn Max. Marie kam in die königlich-württembergische Irrenanstalt nach Schussenried.»

Gertrud sieht vor sich hin. «So kann es enden, wenn Erziehung bei Mädchen nicht die individuellen Stärken fördert, sondern zur Gefügigmachung nur auf die Schwächen abzielt. So kann gar kein Zutrauen zu den eigenen Kräften entstehen. Das ist dann nicht wiedergutzumachen.»

Emmy nickt lebhaft. «Deswegen habe ich auch sofort, als ich letztes Jahr Schulleiterin in der Hansastraße wurde, die Schülerinnenselbstverwaltung eingeführt. Auch Mädchen müssen lernen, sich für ihre Ziele einzusetzen, ihre Meinungen zu vertreten.»

«Dem Himmel sei Dank, dass Frauen endlich das Sagen in der Mädchenausbildung haben. Und man nicht mehr versucht, den armen Mädchen zum Pläsier der Männer die Flügel zu stutzen», sagt Helene.

Gertrud sieht ernst aus. «Ich frage mich, ob wir diese Generation von Mädchen noch rechtzeitig groß werden sehen, um einen gesellschaftlichen Unterschied zu machen. Die Fähigkeiten von Frauen und Männern ergänzen sich, wie du immer sagst. Nur gemeinsam können wir unser Volk im Gleichgewicht halten. Was wird geschehen, wenn unsere Mädchen zu spät kommen?»

«Wenn ein kommunistischer Aufstand oder rechtsnationaler Putsch Erfolg hat, meinst du.» Helene wird es hoffentlich nicht mehr erleben. «Wir müssen an die Vernunft glauben und an den Fortschritt.»

Es sind ernste Gespräche an diesem Abend vor dem großen Tag, an dem Emmys höhere Töchterschule in «Helene-Lange-Oberrealschule» unbenannt werden soll. Anstatt Whist zu spielen und zu feiern, haben sie sich in Erinnerung gerufen, worum es in der Mädchenausbildung geht. Womöglich ist das die bessere Vorbereitung.

Der nächste Morgen ist ein heller Wintertag. Helene hat nicht gut geschlafen, lässt sich aber von der aufgekratzten Stimmung ihrer Gastgeberinnen beim Aufbruch anstecken.

«Sieh nur den neuen Mantel, den ich mir zur Feier des Tages gekauft habe.» Emmy dreht sich um die eigene Achse. Ihr grauer, kurzer Wollmantel schwingt um ihre Beine, deren Füße in vernünftigen Schuhen stecken.

«Hoho, ein neuer Mantel!», ruft Helene. «Unsereins hat den alle zwanzig Jahre gekauft. Ihr seid schon ein leichtsinniges, auf Pleite wirtschaftendes Geschlecht.»

«Das sagst du aber bitte nicht zu den Schülerinnen in der Aula! Wir wollen sie doch zu Höherem anspornen», scherzt Emmy zurück.

«Ach, von dem Revolutionären, das unsereinem noch im Blute sitzt, ist ohnehin keine Stimmung mehr. Sie wollen sich jetzt nur noch ‹entfalten›. Oft kommt nicht allzu viel dabei heraus.» Helene zupft unzufrieden an ihrem schwarzen Seidenkleid mit der breiten Schärpe herum, das sie unförmig aussehen lässt. Die taillierten Kleider früher haben wenigstens eine Figur gemacht.

«Du bist heute grimmig, Meeschter!», ruft Gertrud lachend. «Ich habe ja deine Rede schon gelesen. Viel Erbauung und Entfaltung, wenig Rüge. Nun lass uns losgehen, Emmy soll uns doch noch durch die Schule führen, bevor wir in die Aula müssen.»

Sie gehen die wenigen Schritte von der Oberstraße in die Hansastraße zu Fuß. Es ist ein schöner Spaziergang durch Harvestehude – in diesem bürgerlichen Wohnviertel haben auch Gertrud und Helene gewohnt, als sie in Hamburg lebten, Gertrud die Soziale Frauenschule leitete und Sozialpädagogik lehrte.

Das Gebäude der höheren Mädchenschule an der Hansastraße ist noch vor dem Krieg erbaut worden. Es hat Helene mit seinen barock geschwungenen Giebeln und den hellen Natursteinelementen schon immer gut gefallen. Sie betreten das großzügige Treppenhaus, in dem sie nicht wie geplant ihre Marmorbüste empfängt, sondern als Platzhalter ein schnöder Holzkopf. Gorsemann hat nicht wie versprochen geliefert, er nimmt einfach zu viele Aufträge an. Gertrud bleibt verärgert davor stehen und stemmt die Hände in die Hüften, aber Helene zieht sie weiter.

Den «Kopp» findet sie unerheblich. Gefeiert und verehrt zu werden, liegt ihr mehr, wenn sie nicht dabei sein muss. Es ist ihr zwar wichtig gewesen, wie es auch ihren männlichen Zeitgenossen wichtig gewesen ist, in der Öffentlichkeit ein gewisses Ansehen zu erreichen. Aus dem Sessel zu Hause nimmt sie Huldigungen ganz gern entgegen, Festveranstaltungen dagegen sind ihr immer etwas unangenehm, auch wenn sie sich mittlerweile beinahe daran gewöhnt hat. Als lebendes Fossil ist sie nun richtiggehend gefragt, eine Frauenrechtlerin, wenn nicht der ersten, so doch der zweiten Stunde.

Nach einer kurzen Führung durch die Schule gehen Emmy und Hanna vor in die Aula, und sie wartet mit Gertrud im Lehrerzimmer, bis sie abgeholt werden. Als Helene schließlich die bis auf den letzten Platz besetzte Aula betritt, braust die mächtige Orgel dort auf, und der Saal erhebt sich, bis sie auf ihrem Stuhl in der ersten Reihe Platz genommen hat.

Helene nickt freundlich nach rechts und links, weil sie weiß, dass sie immer etwas unterkühlt wirkt. Die Reden des Oberschulrats und der Auftritt des Chors ziehen an ihr vorüber. Sie versucht sich vorzustellen, wie es für sie früher gewesen wäre, eine solche Schule zu besuchen. Vermutlich wäre aus ihr niemals eine Anführerin der Frauenbewegung geworden, wenn man ihr die Möglichkeit gegeben hätte, mit einer ordentlichen Ausbildung etwas aus ihrem Leben zu machen. Doch sie musste nach der aufreibenden Zeit in Eningen im Haus ihres Großvaters Zeit totschlagen, denn eine weitere Ausbildung war ihr untersagt worden. Dieser Alltag voller überflüssiger Nadelarbeiten, Toilettemachen und immergleicher Bekanntenbesuche quälte sie in seiner Zweck- und Inhaltslosigkeit maßlos. Man erwartete von ihr, möglichst rasch einen Ehemann zu finden. Dass sie in dieser unglücklichen Zeit die Schwindsucht bekam, war kein Zufall. Zum Glück ermöglichte ihr ihr kleines Erbe mit einundzwanzig Jahren, diesem Leben nach Berlin zu entfliehen.

Der Zeitpunkt für ihre Rede ist gekommen. Helene gewahrt Gertruds besorgten Blick, die ihre geistige Abwesenheit bemerkt hat. Sie lächelt ihr beruhigend zu, erklimmt die Stufen zu der kleinen Bühne an der Stirnseite des Saales und tritt hinter das Rednerpult.

Sie begrüßt alle Anwesenden, bedankt sich für die Ehre, die ihr zuteilwird, lobt die Einrichtung dieser staatlichen höheren Schule für Mädchen, doch dann spricht sie direkt zu den Schülerinnen. Sie ruft ihnen ins Gedächtnis, dass sie schätzen müssen, was für sie vermutlich bereits selbstverständlich ist.

«Eines haben Sie vor früheren Frauengeschlechtern voraus: die Möglichkeit gründlicher geistiger Arbeit und damit die Möglichkeit einer selbstständigen Gestaltung des inneren und äußeren Lebens. Das ist jetzt ganz von Ihnen genommen, dies passive Abwartenmüssen, wohin das Schicksal Sie schiebt.»

Die ernsten Mädchengesichter sind ihr zugewandt, hängen an ihren Lippen, wie früher, als sie selbst vor ihrer Klasse stand. «Eine fundierte Ausbildung wird aus Ihnen sittlich und geistig selbstständige Persönlichkeiten machen. Echte Bildung lehrt uns, die Dinge in ihrem wahren Wert zu erkennen. Sie macht uns frei von dem übertriebenen Respekt vor dem Positiven und Bestehenden, sie befreit uns eben dadurch von tausend Vorurteilen.»

Helenes Blick fällt auf Gertrud, dieses kraftstrotzende Geschöpf einer neuen Zeit.

«Bildung vermehrt unser Kraftkapital, sie hilft uns, die Welt erst zu verstehen und ihr dann unseren Stempel aufzudrücken. Frauen können und sollen aus der Welt des Mannes eine Welt schaffen, die das Gepräge BEIDER Geschlechter aufweist, in der IHRE Maßstände dieselbe Geltung haben wie seine. Sie müssen in die Welt ihre eigenen Werke tragen und eine große neue Gesellschaftsordnung schaffen. Diese Aufgabe lege ich nun in Ihre Hände. Mögen die Umstände Ihnen gewogen sein.»

Applaus brandet auf. Einige der jungen Mädchen hinten in den letzten Reihen erheben sich. Sie jubeln ihr zu, die jungen Dinger, und einen Augenblick huscht ein Lächeln über Helenes ernstes Gesicht. Die Honoratioren bleiben sitzen, wie es ihrem Alter und ihrer Bedeutung entspricht, doch sie applaudieren ebenfalls und blicken nickend zu ihr auf.

Auch Gertruds dunkler Blick hängt an ihr, die alte Bewunderung leuchtet darin. Einen Moment lang verschwimmt ihr Bild vor Helenes Augen, das Gesicht einer anderen schiebt sich davor. Es ist weicher, jünger. Sie sieht Marie vor sich, in Gertruds dunkelbraunen Augen spiegelt sich Maries seelenvoller Blick. Helene spürt, dass auch Marie bei ihr ist, dass sie sie mit sich getragen hat durch dieses lange Leben. Dass dies ihrer beider Augenblick ist.

NACHWORT

Wer kennt heutzutage schon noch Helene Lange, die «Trägerin des wahrscheinlich höchsten Dutts» der deutschen Frauenbewegung (wie die Historikerin Bianca Walther sagt)? Es sind vermutlich in erster Linie diejenigen, in deren Umgebung sich eine «Helene-Lange-Schule» befindet, denen die Pädagogin, Politikerin und «Mutter der deutschen Mädchenbildung» ein Begriff ist.

Dabei müssten die Protagonistinnen der deutschen Frauenbewegung hierzulande viel bekannter sein. Im Geschichtsunterricht wird die bald 200-jährige Frauenbewegung in Deutschland so gut wie gar nicht behandelt. Es wäre darüber nachzudenken, ob man das ändern sollte. Die Frauenrechtlerinnen selbst lebten damals jedenfalls durchaus in dem Bewusstsein, etwas historisch Bedeutsames zu schaffen, eine Zeitenwende auszulösen. Helene Lange, 1848 in Oldenburg geboren und 1930 in Berlin gestorben, galt vielen als die wichtigste Vertreterin der «Gemäßigten» der zweiten Generation dieser deutschen Bewegung. An exponierter Stelle setzte sie sich für den Zugang von Mädchen und Frauen zur höheren Bildung ein, gab die Zeitschrift «Die Frau» heraus und engagierte sich an der Spitze der einflussreichsten Frauenvereine für eine bessere Ausbildung und bessere Arbeitsbedingungen von Lehrerinnen. Mich hat hinter der Respekt einflößenden öffentlichen Figur, als die sich diese schlagfertige und strategisch denkende Frau inszeniert hat, der Mensch interessiert.

Allerdings ist dem Menschen Helene Lange nur schwer

näherzukommen. Ihre Lebenserinnerungen beginnt sie 1922 mit den brüsken Worten: «Mein eigenes Privatleben bleibt als unerheblich außer Betracht.» Und weiter: «Gerade innerliche Erlebnisse mit Menschen und geistigen Mächten entziehen sich der objektiven Darstellung», findet sie, beides sei «nur als ‹Wahrheit und Dichtung› wiederzugeben.» Ist das nicht förmlich als Einladung zu verstehen?

In den Lebenserinnerungen ist dann dennoch einiges über das Pensionatsjahr zu erfahren, das Helene Lange als 16-jährige Waise in dem württembergischen Dorf Eningen am Fuß der Schwäbischen Alb verlebt hat. Der bemerkenswerteste Satz des Eningen-Kapitels lautet: «Vielleicht war diese Stunde [der Besuch in Tübingen] die Geburtsstunde der ‹Frauenrechtlerin›.» Was hat Helene Lange angetrieben und zu ihrer außerordentlichen Widerstandsfähigkeit, ihrem Kampfgeist und ihrer Beharrlichkeit befähigt?

Die Ereignisse dieses Romans sind frei erfunden. Historisch verbürgt sind Helene Langes Aufenthalt bei der Pfarrersfamilie Eifert in Eningen, die Namen und Geburtsdaten der drei Kinder Max, Marie und Richard Eifert sowie die späteren Werdegänge der Söhne. Das Leben des 1808 geborenen Theologen und Schriftstellers Carl Maximilian Eifert, einer bedeutenden Persönlichkeit seiner Zeit, ist allein anhand seiner eigenen Schriften gut belegt. Nach ihm ist heute in Eningen die sogenannte «Eifert-Höhe» benannt, das Grundstück mit Blick auf Reutlingen, das er 1864 von der Gemeinde zu erwerben versuchte. Auf dem Friedhof in der Albstraße ist das Grab des Ehepaars Eifert bis heute zu besichtigen.

Über Marie Eifert, geboren als Marie Anna Adelgunde im Jahr 1846 und damit zwei Jahre vor Helene Lange, ist aus den Annalen nur zu erfahren, dass sie «kränklich» gewesen sei und im Jahr 1939, also im salomonischen Alter von 93 Jahren, unverheiratet im heutigen Bad Schussenried gestorben ist. Die Tatsache, dass der winzige Ort in Oberschwaben schon damals Sitz einer psychiatrischen Anstalt gewesen ist, legt eine psychische Erkrankung nahe. Selbstverständlich ist ihre im Roman erzählte Lebensgeschichte rein fiktiv.

Der spätere Kieler Philosophieprofessor Edmund Pfleiderer war zu Helene Langes Zeit Vikar im Hause Eifert. Sie erwähnt ihn in ihren Erinnerungen dankbar als den einzigen Mann dort, der auch sie als Mädchen in philosophischen Gesprächen ernst nahm. Im Übrigen sind beispielsweise auch Schultheiß, Arzt und Raubmörder von Eningen historisch belegt.

Die fiktive Geschichte der Freundschaft zweier aufstrebender Mädchen, des Scheiterns der einen und des kämpferischen, autodidaktischen Strebens der anderen soll auch vor Augen führen, wie wichtig Bildung für die Entstehung und Verteidigung der Integrität einer Person ist – weswegen sie Helene Langes zentrales Anliegen als Politikerin und Pädagogin war. Bildung war für sie eine wichtige Vorbedingung der Freiheit, die sie für jeden Menschen ungeachtet seines Geschlechts einforderte. Oder um es mit ihren eigenen Worten zu sagen: «Im Übrigen ist die Freiheit etwas, wozu der Mensch erst erzogen werden muss, aber auch erzogen werden sollte. Rechte gibt man nicht, weil sie gewünscht werden, sondern weil sie nötig sind.»

DANKE

Katharina Naumann, meiner Kollegin, unter deren Anfeuerungsrufen auch dieser Roman entstanden ist. Danke für das gemeinsame Brainstormen und Verwerfen, die Kritik, das Lachen, den Zuspruch. Schreiben macht mit dir zusammen so viel mehr Spaß.

Friederike Ney, der besten Lektorin, die mein Projekt von Anfang bis Ende so feinfühlig und engagiert begleitet hat.

Inken Ross, Berit von Laffert und Julie von Kessel, meinen Erstleserinnen. Eure Anmerkungen sind Gold wert.

Dem Heimat- und Geschichtsverein Eningen unter Achalm und dessen Vorsitzendem Frank Ausmeier, dessen eigene Bücher und Lektüreempfehlungen mir ein gutes Bild von Eningen um 1860 vermitteln konnten.

Meinen Töchtern Marie und Helene, die ihre Namen ohne Kenntnis von Helene Langes und Marie Eiferts Geschichte erhalten haben, für ihre mit Skepsis erteilte Erlaubnis, diese in einem Roman verwenden zu dürfen. Lorenz für einen auf verschiedenste Weise freigehaltenen Rücken und Theo für seine Geduld mit einer geistig oft abwesenden Mutter.

QUELLENANGABEN

Gedicht von Ludwig Uhland, «An K.M.», S. 128 und 135 f.: Ludwig Uhland: Werke, Band 1: Winkler Verlag, München 1980, S. 99–100.

Gedicht von Max Eifert junior, S. 70: Fritz Barth: Biographie C.M. Eifert, Die Geschichte von Calmbach und Höfen sowie aus Eningen unter Achalm: Druckerei und Verlag Steinmeier, Deiningen 2011, S. 33.

Gedicht von Ludwig Uhland, «Auf eine Tänzerin», S. 72: Ludwig Uhland: Werke, Band 1: Winkler Verlag, München 1980, S. 35.

Gedicht aus den «Schallwellen», S. 134: Anstaltszeitung «Schallwellen», 1897–1936, Archiv ZfP Südwürttemberg, Standort Ravensburg-Weißenau, zitiert nach Uta Kanis-Seyfried: Zwischen Emanzipation und Tradition. Zur biografischen Spurensuche nach Dr. Malvine Rhoden, geb. Weiss (1885–1977). https://journals.univie.ac.at/index.php/oezg/article/view/6527

Gedicht von Gustav Schwab, «Die Feien des Ursulenberges», S. 194: Gustav Schwab, Die Neckarseite der Schwäbischen Alb. J.B. Metzler'sche Buchhandlung: Stuttgart 1823, S. 70.

Zitat Bianca Walther, S. 203: aus dem Podcast «Frauen von damals», https://biancawalther.de/tag/helene-lange

ÜBER DIE AUTORIN

Sanne Jellings wurde 1975 auf der Südseite der Schwäbischen Alb geboren und hat in Tübingen, New York und München Literaturwissenschaften studiert. Heute lebt sie mit ihrer Familie in Hamburg und arbeitet als Übersetzerin und Lektorin. 2019 erschien ihr Roman «Ein dänischer Winter».